政治商品化理論

李培元　著

序

　　「世紀末」（fin-de-siele）是百年前的歐洲心靈，烙印在韋伯的眉睫、尼釆的睥睨，以及佛洛伊德的夢境。自那個世代，資本主義大脚跨出國民市場規模，堂而皇之伴隨著船堅砲利，打造一幅由物質生產所支撑的經濟世界體系圖像。這當中的分工層級，也正如同地球的圓周一般，在核心、半邊陲、邊陲之際架構出生產與流通相呼應的自主循環圈。

　　天堂之路很明確，聖彼得不再垂詢你的原罪，只需瞧瞧腰間荷包累積多少。

　　錢改變了生活方式，也塑造了生活意識。亞當・史密斯用商業化（commercialization）預言了這幕市場分工所掀起的物質文明新猷，他如是說：「看看一個文明昌榮的國家中一般藝匠與工人的住處，你將可察覺到，許多人所做的事儘管只是極小的部分而已，但這些微不足道的勞動力却能爲他們換來這種住處，這種過去難以想像的住處，……如果沒有成千上萬人的通力合作，一個文明國度的貧民是不可能獲

得起碼的最簡陋棲身之處的」，於是，人人均投入了生產巨輪的縫隙，爲小小螺絲釘恪盡畢生心力。在馬克思看來，商品崇拜（fetishism）的價值轉變關係就此牽引出資本主義的社會意識，套用莎士比亞《雅典的泰門》第四幕第三場的泰門海濱獨白：「金子！黃黃的、發光的、寶貴的金子！不，天神們啊，我不是無聊的拜金客……，這東西，只是一點點兒，就可以使黑的變成白的，醜的變成美的；錯的變成對的，卑賤變成尊貴；老人變成少年，懦夫變成勇士……」，價值在質變，創作的美感懸吊在櫥窗賣場，稱之爲商品化（commodification）。

百年後的今天，同樣的輪廓從黑格爾式夜鶯振翅於灰黯垂暮之餘，乍放出萬丈彩霞，舊意識型態褪色了，新意識型態冉冉上升，黃黃的！發光的！在加速生產與流通的交換價值體系裡，新的使用價值頻頻召喚世紀末的彷徨心靈：流行著清倉、自滿地消費。面對如此自生的物質結構，以及塗了漆的社會意識，即便那最爲雄辯的法蘭克福學派，亦默然披上卓別林般地嘲諷：有點些微的非常無奈。這股詠嘆，被後現代主義大口吐出。

永生不再是禮拜日的專屬課目，走一趟壽險公司可以天天得永生。

而政治呢？曾經一度是、也始終被如此認定爲「公共事務」（res publica）的活動領域，正步步捲入歷史的輪輾。「政治商品化」在代議政治的晚近發展中有如聚光燈般鮮麗地輝映著政治人物的舉手投足，卻甚少被政治學界正視爲具

有未來指標的嚴肅課題，更惶論沿著光譜來探究那只操作舞台的國家機器了！

　　本書原為筆者在政治大學政治研究所的博士論文《政治商品化過程的國家角色》，蒙指導教授朱堅章老師及黃德福老師的勉勵，得以嘗試匯合政治哲學、政治經濟學及歷史社會學諸觀照面向來一體拆解這段具有深遠影響的意識根源，並指陳其結構關係。其中第五章較早以〈政治市場理論與政治過程的商品化〉為名發表在中央研究院《人文及社會科學集刊》第八卷第一期。今承同窗好友孟樊先生大力引介出版，改為比較沒有壓力的書名，希望藉此引發有興趣的讀者的後續討論，並期待獲得各界先進的指正。

李培元

一九九七、七　淡水暮色

目　錄

圖表目錄

●第一章●
緒　論

在商品消費的當代社會，政治活動也跟著起舞，選舉宛如定期開張的市集，決策充斥著政商勾結的曖昧玄機。「政治商品化」像一道符咒套住了當代人的政治心靈，理性曾經引領人類走出舊式神話的迷夢，卻不自覺地構築另一個新式神話。誰在施這道魔法？是佈下天羅地網的市場體系？……還是偉大的新巨靈：國家機器？

六○年代新興社會運動捲起的批判浪潮逐漸消褪之後，美國著名的社會學者貝爾（D. Bell）為他先前提出的一句口號：「意識型態已終結」（the end of ideology），做了進一步說明，他認為，當前社會型態是科技文明所主導的「後工業社會」，在物質盈裕的生活步調與井然有序的社會結構當中，政治意識型態的爭議愈來愈顯得唐突無助。走過那段激情歲月的許多學者，也相繼從不同立場來解析當前處境的獨特構造，或謂之「大眾消費社會」（P. Bourdieu）、「後期資本主義社會」（E. Mandel）、「單向度社會」（H. Marcuse）、「後現代社會」（J-F. Lyotard）、「後物質社會」（R. Inglehart），不一而足。他們似乎已警覺到，資本主義的物質力量終究是社會型態的奠基者與終結者，不僅塑造了生存條件，同時，最令人驚駭的，是塑造了人的自滿意識。

這股新唯物思維的風氣並非在啟示個人主體的實踐意義，相反地，是要赤裸裸揭穿那層由理性思維所編織、披掛

在國王身上的「虛假意識」（「國王新衣」代表著主奴之間在物質共享與意識認同上的暫時調和），正如同馬克思（K. Marx）被五花大綁在工業齒輪一般①，由啓蒙運動所構築的現代價值體系也可能是資本主義的物質力量在通過個人慾望滿足之後，所凝結成的意識型態。按照這項價值體系，社會變遷的腳步是朝著單向進化的坦途邁開，現代化（西化）不僅提供了高度物質文明，也是社會整體取得和諧繁榮的不二法門，在人類生活達到相對富裕的條件下將會呈現出同質化的歷史軌跡，最終體現單一型態的世界觀。

鑲在水晶球的預言，經過三十年，由一位沒沒無聞的政論家福山（F. Fukuyama）趕在東歐巨變風起雲湧之際再度喚醒：「歷史已終結」（the end of history）。西方民主集團終於在世紀末親見它的冷戰對手不支倒地，福山過人之處就是以「對手心悅誠服地輕吻著我的腳踝」這種格林童話式的結局來註解歷史軌跡，巧妙地將貝爾所認爲的物質力量轉化成山姆大叔，於是，資本主義與民主政治被理直氣壯地等同起來：兩者相互印證、互爲表裡，在個人主義的衝接立場上分別表現出經濟自由與政治自由，此即自由主義式民主（liberal democracy）。

自由主義式民主百餘年來在現實處境中所取得的物質優勢與意識勝利是有目共睹的，然則，潛藏於經濟自由與政治自由之間對應關係當中的兩項盲點，卻是新保守主義代言人福山難以正視的。在經濟自由的課題上，福山心中的「最後一人」，並不是黑格爾（G. Hegel），而是市場機能，新保

守主義堅信資本主義市場體系的自主運作是物質文明的原動
力，也是個人的選擇自由達到動態均衡的具體實現場合，因
此，自由放任政策一方面表現出對國內市場經濟的最低干
預，一方面則是維持著強勢的政治霸權在悍衛國際市場體
系。這種帶著西方中心論色彩的經濟自由主義，機巧地先將
政治與經濟的關連性加以區隔，在市場體系全球化發展的前
提下，國家角色同時扮演著國內侏儒與國際巨人，一方面承
繼古典自由主義的遺緒在持續貶抑重商主義百餘年來對資本
主義發展的績效，一方面卻變相地在當前國際政經體系當中
緊隨著新重商主義的舞步；為了回應國內更夫與國際戰警之
間的矛盾性，新保守主義又機巧地將先前區隔的政治與經濟
的關係彌縫起來，堅稱經濟市場體系當中所表現的個人選擇
自由正是政治自由的立足點，由這個立足點所類比的「政治
市場」就是民主政治的理想造型，既然民主政治是合乎人類
需求的政治潮流，那麼，國際戰警的角色就是「代天巡狩」。
依據這項邏輯關係，個人選擇的條件差異問題以及西方霸權
心態似乎都是瑕不掩瑜的旁枝末節，市場大纛一揮舞，福克
蘭與波斯灣戰役變成一場自由聖戰，同時，在霸權心態驅動
下，對北愛爾蘭獨立運動的鎮壓以及支援尼加拉瓜反抗軍，
被等同為民主血淚，至於究竟誰在獲利，就不是這項邏輯關
係所能回答的了。可以說，新保守主義對市場機能的獨鍾情
懷，使它無法確切面對國家角色在資本主義發展歷程的深遠
影響，當然也就難以理解資本主義與民主政治的銜接過程
中，由於國家角色的中介作用所呈現的動態矛盾性質。基於

這兩項盲點，新保守主義實難承擔歷史終結者的重責大任，只是比其他意識型態較為忠實地反映出安於現狀的自滿心態：一邊享用清涼的可口可樂，一邊觀看 CNN 的波斯灣紀事（以及東歐變局剪影），用感官來統一物質力量與意識型態之間的弔詭關係。

當前處境的底層結構即呈現在可口可樂與 CNN 背後的尖端科技和巨額資本的生產體系當中，由一套合乎效益目的（effectiveness）的既定工具程序在重覆塑造著大企業與國家的組織型態和運作方式，並透過商品交換與商品認同的雙重作用來維繫生產程序的績效與正當性，也就是使物質力量持續擴張，並產生相對應的意識型態。資本主義的發展歷程，就是依據這套生產程序來創造商品和商品認同、以及由商品和商品認同進一步強化生產程序的循環作用下，呈現出官僚生產結構與商品消費型態。隱形戰機與可口可樂征服波斯灣及家庭冰箱的那一刻起，這股物質力量構成了「商品—生產結構—商品生活」的自主生態圈：透過商品效益的提升來維繫生產結構，透過生產結構的穩定來推動商品消費，透過商品消費的認同來提升商品效益。

由這種底層結構所框架的獨特處境，便是商品社會，據此呈現出來的政治型態不再是原初經由階級矛盾關係所發展、深具古典自由主義價值意涵的民主政治，而是通過意識塑造所建構的商品政治。在這段轉折過程中，國家角色扮演著極為關鍵的中介作用，不僅捍衛了資本累積所驅動的物質生產歷程，同時，也轉化了階級矛盾關係：階級妥協即意味

著互利共存的物質處境與意識認同。這篇論文嘗試以批判的角度來論述商品政治的形成條件與型態，以及，最重要的，國家扮演了何種角色？也就是想說明資本主義晚近發展所呈現的結構化性質及其反映的政治現象。個人認為，商品政治型態不僅是先進資本主義社會的既存事實，由於是建立在資本主義結構化發展與全球性擴張的基礎之上（透過市場體系與國家角色的互動關係所致），資本主義體系籠罩下的後進國家在民主轉型過程中，也必然會呈現出商品化的政治面貌，拉丁美洲是典型的處境，台灣亦不例外，官商勾結或買票文化等個案研究固然可以區分出冰山的高低，卻無助於我們進一步探索它們可能是立基於同一塊冰層，這篇論文就是想直接潛入極地，以宏觀角度來觸摸這塊冰層。

　　當然，對商品政治的批判並不是在否定資本主義民主政治的存在意義，而是將任意附著在它身上的意識型態贅肉加以拆除，讓水晶球如實地反映現狀，使那些以聖王自許的政治人物明瞭商品政治結構處境下的道德訴求終究是一種工具策略，也唯有在這層虛假意識被拆解之後，才有可能進一步尋求另一種思維途徑來建構民主政治的應然價值。其次，援引國家角色來詮釋商品化過程，亦不是在全盤否定市場機能的形式意義，相反地，是要正視市場與國家在資本主義體系下的互存關係，一方面對執著於市場信念、卻從未在歷史處境實現過的經濟自由主義加以拆解，另一方面也是在否定一度將國家控制等同於社會主義的粗淺意識型態說辭，亦即批判「市場 v. 國家」的靜態思維方式。也就是說，就學術研究

的意義而言，作者嘗試採取另一種理解角度來解析政經體系
的商品性質，依據國家與市場的再生產關係，來探討商品化
的深層結構與驅動力量。因此，商品化與國家角色這兩項概
念的意涵就必須慎重地先予掌握，在界定這兩項意涵的同
時，就詮釋方法學而言，也是在表述本書的立場。

第一節　概念分析與論述立場

　　商品化（commodification）最粗淺的解釋，是指依照
商品形式、對社會關係加以塑造的歷程，也就是，物在市場
體系所呈現的交換關係，轉移到社會的人際互動關係。正如
同物的關係是以貨幣為媒介、以商品為對象在進行交換，商
品化的人際關係亦呈現出以己身活動為媒介、以不特定他人
的活動為對象的互動方式；同時，正如同貨幣是一種可量化
的、具一般形式的計算工具，目的在獲取相等價值的商品，
同樣地，商品化意義下的己身活動亦呈現出工具價值、以交
換對等的他人活動；再者，正如同物的生產（產品）必須轉
化成可交換的商品，依照等價貨幣來實現生產目的，同樣地，
己身活動亦必須轉化成被不特定他人所認可的內容、以交換
相對等的他人活動，實現己身活動的目的。這三個層面（媒
介、量化的形式、等價的內容）的對應，是建立在資本主義
生產方式所依序呈現出來的特性之上：

　　(1)異化勞動（alienated labour）。己身活動的肯定是

依據活動的外顯（objectify）的媒介性質，透過外顯活動的
返回過程，獲得人際關係的彼此肯定；一旦己身活動的外顯
是被強迫的、或是外顯的活動不能返回對己身活動的肯定，
那麼，該項關係就是一種喪失主體性的、與己身相離異的關
係。資本主義生產方式之所以是一種具體的異化勞動形式，
即在於，工人的勞動外顯為工資，且工資本身進一步取代了
勞動意義，「工資便是異化勞動的直接結果……，工人的價
值是按照需求與供給而消長，他的軀體的存在、他的生命正
如同其他商品一般，自始至終都被視為是在供給商品」（
Marx, 1975: 333-5）。也就是說，工人勞動必須轉化成工資，
才能夠獲取生產所需的素材；同樣地，資本家的活動亦必須
轉化成資本，與工資勞動一起進入生產行列，才能夠實現生
產活動的意義。那麼，工人與資本家在生產過程的關係，不
再是最初的物質需求滿足的活動，更不是相互肯定的主體關
係，而是受制於資本累積的形成動力、即資本邏輯（M- C-M′
）的關係。

　　(2)理性化（rationalization）。一旦工人與資本家的互
動關係是依據資本邏輯而設定，那麼，資本累積的前提（
M′>M）便構成了彼此的生產關係。首先，生產活動必須轉
化成客觀的量化形式，才能夠計算出工資、成本與剩餘，也
就是生產活動的價格化；其次，在既定的生產活動下，產品
必須轉化成有價商品，透過價格差異來增加生產剩餘的總
量，也就是交換過程的價格化；再者，在既定的交換過程下，
產品成本的降低（如創新技術、壓低工資）不僅提高了商品

的交換能力，亦相對增加了生產剩餘的總量，進一步使生產
關係受制於量化的價格形式。可以說，整個生產流程（P-C-P
）是按照貨幣所代表的價格形式在進行計算的結果，這種外
於個別活動的形式判準，「只是表示我們知道、或者相信
⋯⋯，原則上，透過計算，可以支配萬物。這是指解除魔幻
世界⋯⋯，取而代之的，是工具性的方法與計算。這就是理
性化的主要意義」（Weber, 1989: 13-4），當工人與資本家
被捲入資本累積的過程時，工資與資本亦進一步轉化成貨幣
形式的工具意義②。

　　(3)物化（reification）。從工人與資本家的活動關係轉
變成工資與資本的生產關係，再進一步成為貨幣形式的計算
關係，所代表的意義是：工人與資本家同時成為可交換的商
品，按照工資差異在交換體系中分別與不特定的工人或資本
家建立生產關係。這不僅顯示出活動產物的使用價值轉變成
交換價值（即物的價格化），同時，活動本身亦轉變成交換
價值（即人的價格化），成為商品邏輯（C-M-C′）的一環。
這種「商品─結構的本質⋯⋯其基礎是人際關係的一種物
性，並從此獲得一種〝虛幻的主體性〞，一種似乎是極其理
性且無所不包的自主性，並掩蓋了其原本性質的所有痕跡：
人際關係。⋯⋯人的勞動變成外於他的客觀物⋯⋯，這種現
象同時具有主觀與客觀層面：客觀上，物的關係世界應蘊而
生（商品世界及其在市場的運作）⋯⋯；主觀上──一旦市
場經濟已完整發展──人的活動變成與自身離異的物，成為
一種商品」（Luka'cs, 1971: 83,87）。一旦人的價值是按照

物的價值來規定，則物的使用價值被交換過程的價值所取代時，人的價值亦受制於交換價值、或價格化。人際關係的活動、從媒介性質轉變成可量性的形式規定、並進一步反溯回來將活動規定成等價的內容，這項倒轉關係正是資本主義生產方式所反映的生產關係，馬克思稱之為商品拜物教（commodity fetishism）③：首先，在第一階段，具體的活動倒轉成抽象的外在形式，即從異化關係進一步呈現為理性化關係，是「將社會關係的外在、客觀形式視為一種全然自生的事物狀態……，這便是拜物教神秘化的根源與開端」（Goras, 1869:74）；其次，在第二階段，抽象的外在形式重新規定了具體的活動內容，即從理性化關係進一步呈現為物化關係，是「人們賦予某項實體的一種想像力量……，這是一種社會性質。它們（該實體）形成一種實質力量，不受人們控制，並反向操控著人們」（ibid.,: 59）。對人而言，這種拜物教性質同時具有神秘化以及宰制的作用，資本主義生產關係便呈現出：

　　⑴在資本邏輯上：對資本家而言，勞工是抽象的勞動力、具體的成本；對勞工而言，資本家是抽象的資本、具體的工資。成本與工資都是貨幣價格所規定的特定形式。

　　⑵在商品邏輯上：對生產者而言，消費者是抽象的貨幣、具體的利潤；對消費者而言，生產者是抽象的商品、具體的需求。利潤與需求亦是貨幣價格所規定的特定形式。

　　然則，這種生產關係只是「商品化」的底層關係（或底層建築），必須進一步成為普遍的結構關係、即社會性質的

一般意義，方能表現出商品化的特性，例如文化商品化（即文化工業）、政治商品化等等。因此，商品化的意涵，必須從前面的生產關係所反映的再生產關係這段過程來理解，也就是從底層建築／上層建築的架構來理解資本主義的社會性質。

那麼，什麼是上層建築？威廉士（R. Williams）區分三種內含意義：「(1)表現出既存之眞實生產關係的法律與政治形式；(2)表現出某一特定階級之世界觀的意識形式；(3)在整段活動後，人們開始意識到基本的經濟衝突、並加以反擊的一項過程。這三種意義使我們注意到(1)制度，(2)意識形式，(3)政治與文化實踐」（1977:76-7）。就前兩種意義而言，首先，由生產關係所反映的制度，就是生產體系的官僚化（相對於資本邏輯而言）以及交換體系的市場化（相對於商品邏輯而言），官僚化的意義在於生產效率，由個別操作環節所構成的生產線進行管理科學化與生產量產化，也就是泰勒式生產（Taylorism）與福特式生產（Fordism）的具體設計；市場化的意義則在於商品流通，由個別銷售單位所構成的商品圈進行商品宣傳與更替，也就是媒體、代理商等中介機構的作用。其次，依這些制度所反映的意識形式，就是生產線上個別獨立且相互一致的單子化體系（atomism），以及商品圈所重新塑造的商品使用價值體系。

以文化商品化（或文化工業）爲例④，藝術創作原本最能代表創作者的主觀意義，但是，創作者的生存條件及其創作意義必須通過生產體系與交換體系，才能夠獲得不特定他

人的肯定，持續其創作活動，那麼，首先，他的作品必須被
生產體系視爲「有價值」，也就是可以成爲消費者購買的商
品對象，然後，透過交換體系進行促銷宣傳。在這段過程中，
原作品被「加工」及「包裝」成一般消費者都可以簡便認識
的商品，作者的意義已被消費者的需求所取代，至於消費者
的需求則是由商品行銷所塑造。假定該項作品透過商品行銷
而達到生產目的（即利潤），那麼，原作者將進一步成爲生
產體系的一環，持續的創作成果亦進入商品交換體系，他的
創作活動轉變成商品生產，他的作品成爲廉價商品，在「作
者─文化工業─消費者」的關係上形成「使用價值─交換價
值─使用價值」的價值體系，消費者對作品的使用價值已不
是作者對原作品的使用價值，而是文化工業依交換價值所塑
造的使用價值（或商品美學）：對作者而言，非得如此，否
則必遭淘汰；對文化工業而言，非得如此，否則無法營利；
對消費者而言，非得如此，否則難以享受。這項關係被生產
體系與交換體系持續地循環操作，就是「流行」，一種消費
取向的商品文化，在「生產關係─制度─意識形式」之間形
成一項再生產的互存結構。迄至另類文化（alternative
culture）的崛起，對比出前項流行文化的商品性質及其底層
的資本累積的原貌之後，該互存結構才有鬆動的可能。

　　表面上，這些文化工業體（諸如生產體系中的製片廠、
廣電公司、報業集團等等，以及交換體系中的仲介商、廣告
公司、戲院等等）都分別具有自身的利益組合與意識內容，
它們的共通性在於資本與科技，最終，科技的創新仍然是依

賴於資本集中，因此，文化商品化的根源並不是某一個別的文化工業體、或某一類具體的利益組合或意識內容，而是依照生產線與商品圈所實現的資本累積，以及所反映的單子化與價值塑造的意識形式。同樣地，政治商品化亦呈現出類似的形成關係。

資本累積的社會屬性源自生產剩餘的分配，資本家與勞工的關係即在分配不均的過程當中產生矛盾，形成相互對立的階級⑤。由階級關係所反映的上層建築最先是表現在財產權與相對應的公民權的規定上，以及資產階級在協調財產歸屬的爭議過程中所建立的代議政治，在這個階段，國家機器的性質與作用就被納入資本主義發展體系，依附於資本累積的形成過程，成為再生產關係的一環；這種政治形式在隨後的階級抗爭與協調過程中，確立了等票等值、定期改選、政黨競爭等政治互動方式的民主政治，國家機器亦進一步在決策過程中產生媒介作用，成為資本主義與民主政治之間的中介體。政治商品化的意涵就在這個環節產生。

政治過程的商品形式，首先是表現在官僚化國家機器的膨脹，以及市場化代議選舉的確立。這兩項正好構成政治決策的生產體系與交換體系，在選民、政治人物與國家機器之間形成一項合乎資本累積與商品流通的形式關係：(1)國家機器之所以自成一項中介的生產體系，在於一方面承擔了底層資本累積的助長作用，以維持常態的稅收來源，另一方面承擔了選民與政治人物互動過程的政治需求，以提供相對應的政策內容；(2)選民與政治人物之間的關係，之所以自成一項

中介的交換體系，在於一方面表現在選舉過程中的選票與政
見的交換方式，另一方面表現在決策過程中的政治資源與政
策主張的交換方式。假定政策是一項商品，那麼，上述的形
式關係正好構成循環式的流通制度：從生產體系來看，政治
人物的政策必須通過國家機器的加工生產，才能成爲選民的
直接購買對象，即「政治人物—國家機器—選民」的生產環
節；從交換體系來看，這些加工成品在選舉過程中正好是有
價商品，它的價值表現在選票數量，此即「國家機器—選民
—政治人物」的交換環節，同時，在決策過程中正好是可議
價商品，它的價值表現在政治投資，此即「選民—政治人物
—國家機器」的交換環節。至於這項制度的意識形式，則是
同時呈現在生產與交換體系當中的單子化個體主義，以及工
具價值的規範模式：國家機器的成員按照功能分化與層級節
制被安排在官僚架構的每個個別操作單位，他們的活動被這
部機器的細部功能所規定，他們的活動價值亦按照預定的給
付規定來排列，同樣地，選舉過程的判準是選票計算，公民
權只是一張等值票面，政治人物的活動亦受制於票數多寡，
至於決策過程的交換方式則是依據議價原則進行利益互換。
這些意識形式一方面反映了制度運作的實然流程，一方面也
強化了制度運作的應然規範。

那麼，回到這套制度及其意識形式賴以成立的前提，即：
政策是一種商品。從階級角度來看，代議政治的起源以及國
家機器與資本累積的互動關係，是在資產階級初起階段，也
就是資本主義生產關係尚未完全確立、社會階級對立關係還

沒有成爲顯著的政治議題的階段，依照公民權與財產權的對
應關係，民主政治的發展主要是在階級抗爭與協調過程中所
達成，一旦生產關係下的剩餘分配可以透過階級妥協方式解
決，同時，所得剩餘亦被納入金融資本體系，那麼，階級妥
協所意涵的互利共存意識便和所得剩餘積聚的實然互惠處境
扣合起來，成爲淡化階級意識的新意識，個別的實質處境差
異被形式的等同關係所取代，進一步確認民主制度是階級妥
協的形式管道，國家機器亦承擔了新意識所要求的仲裁角
色，1930年代全球經濟危機之後的國家干預式資本主義型態
正顯示出國家機器與階級妥協的互動關係，以及全球性資本
主義體系的結構化。在這種互賴關係與互惠利益的處境下，
政治課題明顯地被吸納成行政管理、效率生產以及均衡分配
的議題，「經濟人」的概念也漸次取代了「政治人」的概
念，政策之所以成爲一種商品，便是在這種處境下，通過官
僚化生產體系與市場化交換體系而形成。

　　政治商品化的意涵固然可以簡略地從商品邏輯的觀點視
爲是政治過程的市場化，然則，正如同商品邏輯必須從資本
邏輯來推演一般，市場化交換體系亦須以官僚化生產體系爲
基礎，才能實現資本累積的最終目的，因此，官僚化的生產
體系才是商品化的驅動力量。那麼，政治商品化的深層意義
便同時包括了政治官僚化與政治市場化，也就是政治的行政
化與經濟化之下的生產與分配，正如同文化工業體在文化商
品化過程的主導作用一樣，國家機器正是政治商品化的樞
紐：國家權力愈集中、功能結構愈嚴密，所能佔取的直接或／

且間接資源也愈多；至於市場化交換體系，則是實現該資源分享、利益互惠的表現場合。金權政治的意趣便是「舞劍於市場體系，意在國家資源」。但是，「國家機器」又何指？

　　國家機器（state apparatus）的討論，可謂汗牛充棟，從15世紀義大利文藝復興以來，「國家」這個概念就承擔了太多的理解與實踐上的意義，正由於它的含糊且沈重的意涵，一度被當代主流政治學界所遺棄，或者直接以土地、人民、政府、主權這四種合成要素略加整理，名之為「國家」，最多也只是依循著古典詮釋方式，從主權觀念當中找出權力的宰制關係，為它的正當性塑造出某種道德有機體的「想像社群」（即「民族國家」）。有一種觀點認為，具有深邃價值意涵的政治觀念經常是籠罩在權力支配與意識型態的交互作用之下，它的具體內容亦只不過是特定個人、黨派、階級、族群、性別的私利反映罷了。國家觀念亦不例外。這項看法很早就根植在現代西方思想家的論述當中，它的推論也甚為簡潔：國家的想像是一種意識型態建構，意識型態內容是權力支配的再生產對象，權力支配是利益競爭的再生產方式，因此，利益競爭乃是國家想像的基礎。從「利益競爭」這樣一個赤裸裸、又實際的立足點來環伺世界，正是資本主義現世生活的價值觀，假定有這麼一個認識對象，稱之為國家，充其量也只是由諸種利益所構築、穿梭，或直接顯現成某種利益，依照權力支配而強化、依照意識塑造而美化。因此，在資本主義民主政治的理解架構當中，國家機器（他們稱之為政府）始終被小心翼翼地幽禁在附屬且卑微的位階上，任

令私人經濟活動及其反映的互動關係自在奔馳，迄至摩擦、推擠，乃至虛脫之時，才有求於國家的作為，謂之「更夫」（Night-watchman）。

更夫的職責在於排解爭議、防止竊取，率先由洛克（J. Locke）所奠基的個人主義，即表明國家的存在理由乃是維護個人利益，一旦社會成員在利益追逐過程中可以達成互利的競爭規則與共識，那麼，國家角色將萎縮成備而不用的消極仲裁者，同時，國家權力的行使也必須通過當事者的監督。在資本主義的發展脈絡之下，該項利益競爭的規則與共識被進一步理解為市場機能，先前個人利益所蘊含的自由觀念明白地顯示成經濟自由，史密斯（A. Smith）認為，理想的社會藍圖乃是個人的天生自由均從「看不見的手」運作過程中獲得極致發展。在個人主義式自由主義的傳承中，國家角色僅僅是社會領域的一環，公民社會與國家的對抗關係就是在維繫個人利益的最大自主空間（Wood, 1991:28, 36），一旦市場體系得以自主地運作，那麼，在理解立場上，國家角色也將相對地弱化，由經濟自由所體現的政治自由或社會自由必然也獲得進一步保障，因此，資本主義民主政治的主要關懷，即是從參與著市場運作的社會成員（個人或團體）的立場來謹慎地監視住國家機器這個「必要之惡」。以多元主義、精英理論、公共選擇理論等主要學派所代表的傳承立場，就是持這種「社會中心論」的角度來檢視國家與社會的關係。

晚近，國家機器再度成為學界時興的話題。七十年代末

期，陸續出版了一系列以國家角色（the state）為主題的研究論文⑥，透過區域研究（包括對後進國家以及美國新政時期由國家主導的多項經社政策）來樹立國家機器（他們稱之為國家官僚或國家機關）在國內與國際政經結構當中、乃至其變遷過程中的相對自主地位（relative autonomy），以區別於（並獨立於）其他政治組織，以及相對應的私人經濟生活，從而開啓了美國政治學界對於國家理論的討論風氣。該等國家中心論者（state-centralist，或 statist）所主張的「把國家引進研究範圍」（如T. Skocpol's " Bringing the state back in"）、或「正視國家角色」（如Nordlinger's " Taking the state seriously"），係承繼自亨茲（O.Hintze）與韋伯（M. Weber）對官僚組織的歷史社會學研究途徑，來理解戰後大有爲政府的凱因斯政策、殖民地解放的新興國家，以及七十年代以來國際經濟情勢對先進國家的衝擊等當代課題，他們認爲，所謂社會中心論（social- central-ism，包括以 T. Parsons 爲典範的結構功能論與多元主義，以及 Marx 爲典範的新馬克思主義）並無法提供滿意的解釋方式，必須將國家視爲是自主的行爲者以及社會處境所形塑的一種制度結構（Skocpol, 1985: 6）。

國家自主的觀念是在理性化的思維脈絡下、由主權概念的規範意涵當中蛻變產生，國家機器之所以異於其他組織型態，在於它不僅是一組較爲嚴密的官僚組織體，更且具有正當化的權力支配作用（或制式暴力），國家機器儘管受到社會處境的限制，重要的是，對社會處境進行有效控制，遂同

時呈現出內於社會的組織結構與外於社會的權力作用這兩種
性質。韋伯提到：「國家……具有在既定領土當中使用物質
力量的正當化獨佔權力」（1991:77-8），它的「例行事務之
職責愈來愈複雜，範圍愈來愈擴大，使那些訓練有素且饒有
經驗的人逐漸取得卓越技術，必然有助於維持某些必要功
能。因此，總會存在著為了例行事務目的而產生的一種特定、
恆常結構，此乃便於統治的必要工具」（1978:951-2），特定
的恆常結構以及獨佔的制式暴力這兩項特性，正是國家中心
論者堅持國家自主的理由所在，史考許波（T.Skocpol）據
此認為：「適當地說，國家……是由行政權威所領導的一組
多少具有同步協調的文官、民警與軍事組織。任何國家首先
且最根本的，是從社會當中汲取資源並加以配置，以建立並
維繫其強制性與事務性的組織。……當然，政治體系……亦
可包含政策制定過程中的社會利益的表達管道，以及政策執
行過程中的民間參與的動員管道，但是，例行事務與強制性
的組織正是國家權力的基礎所在」（1979:29）。

　　然則，該項主張同時遭到所謂社會中心論者的質疑。就
多元主義式結構功能論的角度而言，國家研究並未被全然遺
忘，國家中心論者在突顯其異於政治學主流之際，卻忽視了
諸如政黨、利益團體、大眾媒體等與國家作用有關的變項（
Almond, 1988:871-2）。這項立場表白，是將國家視為對社
會各種特定功能（利益、資源）加以匯聚並進行著權威式配
置的一種場合，或者是指諸如總統、國會等特定政府型態，
惜乎並未正視到國家以管理機器的姿態對社會資源的汲取與

控制,並維持其政治、法令之規範秩序(Barkey& Parikh, 1991: 524)。另外,就新馬克思主義的角度而言,階級與國家之間的互動關係一開始就呈現出兩面性,其一是把國家視為僅僅反映著統治階級利益的一種上層建築(如《共產黨宣言》,以及 Lenin、Miliband、Sweezy 對於國家工具論或媒介論的研究),另一方面則是把國家視為階級勢力之外的權力官僚(如《路易‧波拿巴的霧月十八》,以及Poulant-zas、Therborn、 Offe、O'Connor、Wright 對於國家相對自主性質的研究)(Held, 1989:36)。可以說,國家中心論者只是刻意理解了某些工具論的觀點(而忽視了第二種新馬克思主義的觀點)來對照其自身研究方式的新穎(Cam-mack, 1989: 280)。這項爭議的差異在於:第二種馬克思主義的觀點是將國家置於階級鬥爭歷程中的社會塑造(social formation)角色,國家的相對自主性質即表現在社會塑造的再生產(reproduction)作用上;反之,國家中心論則是把國家視為獨立的行動者與自變項,亦即:行政官僚表現其自身的政策偏好,國家依據該偏好而行動,同時該項持續行動會影響到社會及私人團體對國家角色的限制要求,因此,國家自主性質乃是社會行動者(或社會變項)當中最重要的一環(Nordlinger, 1988: 881)。

這些爭議的引爆點在於用何種概念來指稱被賦予權威的對象,以及如何界定它的範圍。最被引用的概念諸如「政府」、「政權」,通常是在說明特定的執政當局(如雷根政府、共和黨政權)、或議定的組織架構(如三權分立、中央/地

方），隨著政治勢力的更替或消長，這些概念的具體指涉內
容也爲之產生變化；一種依據實際產生權威支配作用的決策
過程觀點便孕育而生，謂之「政治體系」，由於政策輸入項
與產出項之間的「黑箱」必須從個別政策來解讀，反而稀釋
了權威支配的光源（這也是前述結構功論與多元主義反對國
家中心論的主要觀察點）；另一種依據實際掌握威權支配內
容的政治經濟學觀點乃取而代之，謂之「公共部門」，就是
有權界定公共財貨並進行汲取與分配的組織體，這項觀點使
國家觀念的離散視野集中在財政收支關係當中。相對地，國
家中心論所要補充的是：「一種恆常結構、某些常態作爲」
此類不因特定當局、政策過程或內容而變異的一般形式與作
用，也就是國家官僚組織及其自主權力的結構問題，由此表
現出的特定利益或偏好，借用諾林格（Nordlinger）所提的
簡要架構來說（參見 1981:7, 11, 15, 28），就是：

　　(1)國家偏好可能與社會偏好一致、並存，或對立；

　　(2)偏好一致時，國家偏好理所當然成爲政策內容；

　　(3)偏好並行時，國家偏好主動介入政策過程；

　　(4)偏好對立時，依調和程度的高低而呈現國家自主的強
弱。

　　有趣的是，無論採取何種立場來強調威權對象及其涵蓋
範圍，都必然是立足於國家與社會的處境關係在檢視著國家
對處境關係的實質作用。因此，單純地質疑與爭議國家存在
與否的問題，並無助於吾人對國家觀念的較完整理解（關於
國家的性質或存在理由、它的結構關係，以及權力作用或政

策，這些相互關連的國家角色意涵），只是表現出對於舊式
國家理論的老調重彈、依特定個案來強化國家概念的先設定
義，更重要的是，所謂社會中心論與國家中心論的認識區隔，
只不過在國家與私人經濟生活之間劃出一道化約論（
reductionism）的界限並相互對立罷了（參見Jessop, 1990:
283-8）。這些不同的國家理論乃是依照三項步驟在進行自我
陳述，先設定一項概念並演繹一組命題、尋求特定個案來檢
視，從檢視結果推論出國家存在的問題：(1)在理論建構上，
將特定假設（ad hoc hypothesis）視爲先在的、自明的理論
基礎，國家的定義遂成爲該項國家理論的一貫推論立場；(2)
在歷史考察上，該檢視對象是依據推論立場所選擇的特定時
空對象；(3)在方法陳述上，經由特定立場與特定對象所構成
的國家觀念，預示了一種現實之應然性或理論之必然性的結
論。因此，例如，公共選擇理論可以從國家資源的效率問題
推論出公共財的資源浪費性質，並得出國家機器應該「遊手
好閒」的結論；國家中心論可以從國家的獨佔權力推論出社
會工程的整體營造性質，並得出國家機器應該「勵精圖治」
的結論；古典馬克思主義可以從階級鬥爭推論出宰制作用的
正當化性質，並得出國家機器必然隨階級之消失而萎縮的結
論；多元主義可以從利益團體互動過程推論出社會均衡性
質，並提出無所謂國家機器存在的結論。這些足以令人耳鳴
目眩的喧囂爭執，使國家觀念更顯得撲朔迷離，近年來討論
重心乃逐漸轉移到「社會處境下的國家角色」（state-in-
society）這個焦點上，依據特定社會處境、國家各項組織與

功能，以及權力互動關係等三項結構因素來說明國家角色的
強弱⑦，也就是同時關注到社會結構因素對國家權力的限制
（社會中心論或國家工具論往往持這種觀點）、國家權力對
這些結構因素的影響（國家中心論往往持這種觀點），以及
在這段限制與影響循環下的國家機器自主化等課題。國家觀
念的討論至此方具備較爲明確的論述空間。

　　那麼，政治商品化與國家機器的關係就必然得放在資本
主義民主政治的發展脈絡來觀照。首先，在這種社會處境當
中，有兩項結構因素最爲顯著，就資本主義而言是資本累積，
就民主政治而言是階級關係，資本累積與階級關係的互動形
成了資本主義民主政治的政經結構動態；其次，就國家權力
而言，在資本累積的限制之下，國家角色從維護社會物質生
產以汲取資源，轉變至維護市場體系以建立恆常稅制，這段
過程就是經濟市場的體系化發展，同時，階級關係也在互利
共存的物質處境下，從立基於階級鬥爭所建立的自由和參與
權，轉化成立基於階級妥協所建立的社會福利權；再者，國
家權力對於經濟市場的體系化以及階級關係轉化的影響，使
國家機器本身的組織更爲膨脹、結構更爲完整，形成行政式、
生產式、鎮壓式與宣傳式等四種次級體系，前兩種體系的主
要功能對應著國家權力與資本累積的關係，後兩種體系的主
要功能則是對應著國家權力與階級轉化的關係。因此，從社
會處境的結構因素來看，國家機器指的是一組自存且自爲的
中介機體，在社會物質生產與意識活動之間維繫著矛盾的互
存關係，透過國家權力的行使，中介機體取得更爲自主的空

間，並且，與社會處境的互存關係亦更為緊密，這種不以個
別執政當局之意志而任意轉移的國家角色，正是當前商品社
會下的市場與國家環環相扣、糾纏不清的主要成因，也是政
治商品化的主要中介樞紐。

(圖1-1：國家角色的論述場合)

第二節　論述方法與論述要旨

　　「商品化」與「國家機器」這兩項概念就已然表明了，
這篇論文正是採取馬克思主義批判典範的理解方式來闡釋資
本主義民主政治的晚近發展型態。儘管在這項典範傳承當中
存在著糾纏不清的正統立場與教條內容的爭議，假定，在理
解旨趣上，可以明確地把握住「形式、內容、作用」這三個
相關層次的差異，那麼，這套理解方式仍然具有犀利的拆解
能力。正如同意識型態批判過程中，必須釐清意識型態形式、
意識型態內容與意識型態作用一般，任何一項理論建構亦必
然具備其一般性的觀念形式（或理論立場）、個殊性的論述
對象（或理論內容）以及具體性的實踐意涵（或理論關懷

），對於馬克思方法學的把握，必須從它的觀念形式出發，也就是從關係辯證的多元決定立場（即Ａ←→Ｂ的相互決定）來超越單向式因果關係（即Ａ→Ｂ的先設決定），才有可能達到揚棄其特定論述對象與實踐方式的一種方法學的自我批判效果，同時，爲國家機器尋求一項當下處境的安宅。

　　首先，就方法學的自我批判而言。馬克思提到「人們依照他們的活動來創造與改造對象世界的時候，自我確認爲具有意識的類屬存有（species-being）」（1975:328- 9）、「意識來自於需求，是一種社會產物」（1976: 44）、「對生活素材的生產方式，表現出特定的生活方式」（ibid.,: 31），這三段陳述是在說明一項關係，即「類屬存有→實踐→生活方式→意識爲類屬存有」。從存有學的觀點來看，存有的屬性是一種社會屬性（sociality），存有的彰顯方式是勞動，存有透過勞動所實現的生活而理解其社會屬性；從認識論的觀點來看，意識的立足點是社會屬性，意識的內容是一種處境意識，意識內容的確認方式是透過實踐⑧。可以說，馬克思方法學的旨趣，在於透過勞動實現來當作理解的原初動力，依據勞動所表現之當下實然性（facticity）的第一序實踐與第二序理解之間的辯證歷程（即勞動←→意識，以及實踐←→理解的一種相互決定關係，或謂之互爲因果），來顯示出認識論範疇的辯證唯物論立場以及存有學範疇的歷史唯物論立場。「當下實然性」的意義，在於明白指證出意識內容的社會屬性，就此而言，馬克思方法學所指涉的理論內容就是一種對當時處境的實然式理解，同樣地，任何一種對馬克思

理論內容的理解（或詮釋）都只是詮釋者當下處境的理解
——此即克羅齊（B. Croce）所謂「歷史是一部當代史」
——也就是擺脫了理論建構過程的客觀主義（objectivism
）的觀念宰制；同時，依據當下實然性所中介的「辯證歷程
」，它的意義在於明白指證出，理解與實踐之間相互對應的
一種實然的社會屬性（或共同的生活世界），也就是超越了
理論關懷立場的相對主義（relativism）的處境困境。那麼，
當下處境的差異，必然也改變了理解的內容及其實踐方式
⑨。

　　其次，就當下處境的意義而言。馬克思提到「人們在自
己所處的社會生產過程中，必然進入一種外於意志的確定關
係，可稱之爲與物質生產力之發展相對應的既定階段之生產
關係。這些生產關係的整體，構成了社會之眞實基礎的經濟
結構，並形成法律與政治的上層建築，以及與之相對應的社
會意識之確定形式。物質生活的生產方式限定了社會、政治
與精神生活的一般歷程。並非人的意識決定其存在，反而是
他的社會存在決定其意識。在特定階段的發展過程中，社會
的物質生產力和它的既定生產關係出現了矛盾衝突，……（
人們對這項矛盾衝突的）意識必須從物質生活的矛盾、社會
生產力及其生產關係之間的衝突來解釋」（1970:20-1），這
段足以比擬笛卡兒典範（即「我思，故我在」）的一種「我
在，故我思」觀點，是在說明一項宏觀的思維架構：由生產
方式構成了社會的生產關係，由生產關係構成了制度與意識
的再生產關係；或者說，當下處境的共通性是以生產方式爲

基礎所表現的特定生產關係，由這項特定的生產關係具體規定了制度與意識的內容，由這些制度與意識的具體內容對當下處境進行再生產作用。也就是說，從勞動與意識的相互決定式辯證歷程當中，構成了「底層建築／上層建築」或「生產／再生產」的關係體系：首先，正如同勞動是意識的確認基礎一般，底層建築（生產體系）是上層建築（再生產體系）的構成基礎；其次，正如同意識是第二序勞動的確認方式一般，上層建築乃是底層建築進一步發展的塑造方式；因此，上層建築對於底層建築而言，便同時表現出具有矛盾內容的對立作用，一方面是維繫著底層建築的完整性（如同意識賦予勞動一種合理化內容），另一方面是拆解了底層建築的矛盾性（如同意識進一步意識到勞動內容的虛假性質）。這項對立作用⑩必須從多元決定的辯證關係當中來理解，也就是從生產方式的改變所轉移的生產關係、以及生產關係的改變所引發的再生產內容的矛盾、此一動態歷程來理解，而不是從單向決定式的靜態因果關係來理解（以致掉入意志決定論或經濟決定論的目的論假設，或者跌入同義反覆的思維困境）。那麼，「當下處境」的意義就是一種一般性的整體形式關係，由個殊性的生產方式構成它的具體生產關係，並進一步表現出特定的再生產內容。資本主義正是一種個殊性的生產方式所構成的具體生產關係，資本主義民主政治正是這項生產關係所表現出的特定再生產內容，當代國家角色也必然要在這項特定對應關係當中來安置。

　　資本主義民主政治的商品化過程，既然是由國家機器與

市場體系的互存結構所編織，那麼，「去商品化」（
decommodification）的深層意義便同時包含了「去官僚化
」與「去市場化」，也就是同時在進行國家機器與市場機能
的拆解步驟，或者說是對國家機器與市場機能之間互存關係
的批判。這項深層意義不僅是在否定以國家機器或市場機能
所鋪陳的單向式社會工程及其政治意義，更且，在正視兩者
的互存關係的同時，進一步尋求一項立場來安置政治的應然
關懷：第一序的否定式批判指出，任何意圖以單向式對立觀
點來針砭政治商品化此一現實處境，最終只不過是在互存關
係當中（behind）片面完成「去官僚化」（讓位給市場運
作）或「去市場化」（讓位給國家管理）的表象；第二序的
建構式批判指出，當代處境的政治關懷必須在這項互存關係
之上（beyond）或之外（beside），亦即跨越該項互存關係
所框築的制度與意識型態體系來理解，也就是威廉士所稱的
上層建築第三種內容意義（即政治與文化實踐）的立場所
在。

　　依據前述的理解方式，「政治商品化過程的國家角色」
是由以下五段命題所構成：(1)在人類一開始為共同的行為動
機與方式賦予某種意義的時候，對這項意義的詮釋，就隨著
它的現實處境與社會條件而呈現出特定的目的，因此，關於
政治性質的理解，也必然表現其時空關係下的具體內容，「
政治商品化」即是資本主義晚近發展的特定結構產物（第二
章）；(2)這項特定結構是由商品邏輯與資本邏輯所表現之商
品流通（交換體系）與資本累積（生產體系）當作商品化的

底層建築，由「政治市場」（政治交換體系）與國家機器（政治生產體系）及其觀念體系當作商品化的上層實現（第三章）；(3)依據商品化的上層實現所衍生爲體系化的再生產作用，主要是透過國家機器的權力行使，進一步強化了資本主義政經體系的物質再生產與意識再生產，1930年代以來國家機器的迅速膨脹，正是在資本主義體系的結構性質上、進行政治商品化的催生作用（第四章）；(4)由「政治市場」與國家機器的再生產作用所構成的商品政治型態，乃是由政治行銷與資本流向在決定著公民意識及政策內容，分別呈現出政治交換體系與政治生產體系的商品化趨勢（第五章）；(5)國家機器片面地取代或弱化市場機能，只不過是掩飾了商品化政治行爲的交換關係，以一種被扭曲的再生產體系來進行分配作用，同樣地，由市場機能片面地取代或弱化國家機器，亦只不過是袒開商品化政治行爲的生產紐帶，以一種巧取豪奪的生產體系在進行商品交換，那麼，當代政治處境的應然意義（或政治領域的建構）就必須從「去商品化之路」來思索（第六章）。

　　資本主義的政治性質究竟爲何？這是在論及「政治商品化」之前所必然要追問的。政治思想家曾經在他們的特定時空關係之下，爲這項課題鋪陳出重要的典範意涵，當代政治思想界也在嘗試尋求這些典範的現實意義，第二章即依序說明利益政治與商品政治這兩個理解典範的重心所在，以及對於個人主義此一共同立場的差異。利益政治典範的偉大奠基者，應該是洛克與史密斯，前者致力於利益政治之普遍形式

關係的可能性，後者則致力於利益政治之特定處境關係的實
踐方式（第一節）；至於當代處境之商品政治典範的偉大奠
基者，應該是熊彼得（J. Schumpeter）與當斯（A. Downs
），前者致力於商品政治之特定處境關係的實踐方式，後者
則致力於商品政治之普遍形式關係的可能性（第二節）。依
這種對比方式來簡要論述政治性質的理解典範，必然會割捨
掉其他偉大思想家的重要觀點，同時，必然會在突顯典範陳
述的差異過程中，「刻意」忽視了其間的親近關係，也就是
「刻意」突顯它們的社會條件的差異，但是，為了進一步說
明當代處境的商品政治意涵，依社會條件的變遷當作論述的
起點，仍然是有必要的。從利益政治走向商品政治，是政治
商品化的過程，這項理解典範的轉移，即表現在個人主義此
一共同形式關係的傳承與轉化（第三節）。

　　但是，更重要的差異在於商品流通此一處境關係以及資
本累積此一社會條件的結構發展，也就是資本主義晚近的結
構化與全球化。第三章的主要論點在於，由資本主義為底層
建築所框架的現代社會，循著資本—商品的邏輯關係，發展
出特定的理性結構：就資本邏輯（M-C-M′）而言，資本形
成過程的積聚與集中，使剩餘價值持續吸納至生產體系，這
項生產體系同時透過物質生產（產業資本）與貨幣流通（金
融資本），取得了資本累積的獨佔性與主導性（第二節）；
就商品邏輯（C-M-C′）而言，商品交換過程的價格化與形式
化，使交換價值取代了物質需求的使用價值，這項價值轉化
亦同時透過商品行銷與消費意識的塑造，取得了商品價值的

生活化與實用化，產生新的大衆社會意識，爲階級對立關係
締造了互存共榮的物質基礎與妥協情境（第一節）。由資本
—商品的循環作用所表現的理性結構，就是自主的市場型態
以及相對應的市場概念。從歷史社會學的角度來看，國家機
器的性質與作用是與市場體系的形成過程息息相關，並逐漸
和資本主義取得了相互依存的一種再生產關係，這項再生產
關係可以從國家機器各項組織結構的發展過程、以及和資本
主義全球化之間的動態關係來理解（第三節）。

　　自1930年代以來，全球經濟危機除了表現出階級對立關
係的共同物質處境以及世界經濟市場的互賴結構之外，亦促
使國家機器佔據了在國內階級關係與國際市場關係之間的中
介地位，也就是國內外政經互動過程的樞紐。第四章說明在
這項中介地位上，國家機器的再生產關係隨著階級處境與世
界分工層級的位階差異，表現出不同的作用：先進資本主義
民主國家採取了不同程度的統合主義策略，國家機器的角色
表現在物質生產與分配的調節以及階級的政治協商過程上（
第一節）；第三世界後進國家的再生產關係，最顯著的例子
就是官僚威權政體，國家機器在國際資本與社會階級對立的
壓力下，採取了由生產機器所主導的國家資本路線，強勢干
預著物質的生產與分配以及階級互動關係（第二節）。這兩
種發展策略均進一步加速了國家機器的擴張、以及深化了和
資本主義的結構關係，國家機器成爲最大的生產雇主。在轉
化成其對立意涵（統合主義的對立意涵是福利國家，官僚威
權政體的對立意涵是政經體系的民主轉型）的過程中，亦是

基於階級關係的影響，分別走向官僚化的行政管理性質，以及市場化的利益交換性質。

　　在前述的關係影響下，政治領域的商品化趨勢是由「政治市場」的形式理解關係、選舉過程的意識交換關係，以及決策過程的私利生產關係所共同架構出來。第五章分別說明，「政治市場」觀念隨著資本主義的三個發展階段（完全競爭、壟斷、國家干預）分別產生了三種民主政治型態的理解方式，這些型態的差異是依照市場運作的實然處境而建構其政治理論的內容，至於它們的共通性，則是從市場交換體系的形式均衡意涵當中類比出政治領域之實質利益奪取過程所可能產生的形式公益（第一節）；這項形式公益的可能性是表現在選舉過程的交換關係上，這也是民主政治的基礎價值所在，但是，依政黨競爭所可能實現的形式公益，卻面臨到政治行銷的意識塑造作用，使民主政治之基礎價值的實現受到扭曲，這種處境關係的扭曲過程，乃是源於政商關係的生產作用（第二節）；在決策過程此一政治生產體系當中，政商關係的利益互動乃是透過國家機器的權力行使來強化物質再生產以及塑造意識再生產，這兩種再生產作用，不但使國家機器的組織結構愈趨完整、使國家機器透過權力行使而掌握更多社會資源，同時，也進一步使決策過程的政商關係愈趨緊密（第三節）。正由於國家機器在政治生產體系當中的這種特殊獨佔性質，進一步透過政商關係的利益輸送而催化了選舉過程此一政治交換體系的商品化作用。

　　總言之，國家機器在資本主義民主政治走向商品化發展

過程所承擔的再生產角色，乃是透過資本累積與階級矛盾這兩項政經處境關係，在經濟市場與政治市場的生產與流通循環當中架起了銜接作用，使國家機器與市場體系的互動關係愈形結構化（第六章第一節）。在這項體系關係下，個人主義所蘊含的原初政治關懷是否足以穿透政治商品化的符咒，再度敲起自由價值的醒鐘（第六章第二節），並依此形成一項憲政民主式的制度規範，來同時限制利益與權力的寄生關係，使政治領域展現一道信望曙光？本文結論認為，唯有反省商品意識，方能轉化商品處境，也唯有自主的公民意識，才是政治預言的最終詮釋者。

註　釋

①深受啓蒙運動思潮影響的Marx，曾自許爲從天界盜取火種、給人類光明的Prometheus，Zeus將Prometheus綁在高加索山頂，任由禿鷹嚙其肝臟，日昇則復生，日落則復嚙，凡三萬年，以示懲戒。這把光明之火，即人類的理性之源、自主之光，Marx喻爲歷史進化的實踐力量。弔詭的是，人類理性並未給現實處境開啓一扇伊甸園之門，反而受制於自身所創造之科技力量的支配，由科技力量所鋪就的工具理性思維體系，使人類再度陷入新式神話的符咒當中。後現代主義者J. Baudrillard在批判啓蒙運動的虛構體系時，借用這則寓言，於《生產之鏡》（The Mirror of Production）一書的封面，將Marx綁在工業齒輪，來反諷理性的弔詭。

②因此，Weber悲觀地認爲，「現代經濟組織的龐大秩序的建立，這項秩序與機器生產的技術和經濟條件相扣合，正以壓倒性的強制力量決定了置身於該機器當中的個人生活方式，恐怕迄至油盡燈枯之時，仍在決定著他們的生活方式，……像鐵籠般地牢牢套住。」（1976:181）。

③O'Connor對於物的形式關係加諸人際意識的作用，作了以下簡要的說明：「商品拜物教不僅意指著效用具有一種〝儀式性格〞，更且意指了特定的〝儀式需要〞乃是自然天成的，由他們在商品形式所能滿足的能力的方式所構成的。需要（need）因此獲得了一種〝自然性質〞」（1984: 160）。自然儀式對於人際意識的塑造，Baudrillard認爲，「乃是將所要象徵的物質加以化約與抽離成一種形式意義的過程。這項化約式的抽離作用被直接賦予了（自主的）價值、

（超然的）內容與（特定旨意的）意識的再現。使商品成為自主價值與超然實體……，商品崇拜正是以真實的、直接的價值來表現，透過 〝需要〞 及使用價值來和個別的主體相結合，並依照交換價值的規則在進行流通」（1981:144-5）。

④「文化工業」（culture industry）是法蘭克福學派的文化批判主軸，首見於Horkheimer與Adorno的名著《啟蒙的辯證》（Dialectic of Enlightenment），指的是大眾文化的生產與性質，經由大眾媒體的塑造過程，使文化消費者的想像力與自主性漸漸萎縮，依文化生產的意識為意識（參見Horkheimer & Adorno, 1972: 126-7; Adorno, 1989:128-9）。

⑤「階級」概念是依照所得分配的不平等來界定，階級歸屬是所得差異的實然立場，而不是意識上或行動上的主觀認定（參見Parijs, 1993:112-5），因此，「富有的無產階級」（或「貧窮的資產階級」）乃是一種偽詞。從Aristotle依貧富差異來解釋政體差異的著名論述以來，社會處境的階級分析一直是西方社會思想的重要遺緒，Marx在這方面的最大貢獻在於：(1)階級是歷史動態的主要因素（所有歷史是階級鬥爭史）；(2)區分出階級處境與階級意識（在己階級未必是為己階級）；以及(3)資本主義生產方式的根本衝突是生產工具的掌握（資產階級v.無產階級）。可以說，階級概念不僅指涉一種經濟處境，更且蘊含了政治活動與社會意識上的深層意義，最著名的分析應該是恩格斯（F. Engels）的《家庭、私產與國家的起源》（The Origin of the Family, Private Property and the State）一書，恩格斯認為「國家是社會在一定發展階段時的產物，國家意指著：這個社會陷入了難以解決的自我矛盾，分裂成難以調解的對立，卻又無法擺脫這些對立，因此，這些經濟利益相互衝突

的階級爲了使自身與社會不會在這些對立當中消失，就需要一種表面上凌駕於社會之上的力量；這種力量應該可以緩和衝突，把衝突保持在〝秩序〞的範圍之內。這種源自於社會、卻又自居於社會之上且日益與社會脫離的力量，就是國家」（1972:229），當代國家理論的論述典範也多引用階級概念做爲分析起點（包括國家中心論者、馬克思主義者，以及部分的社會中心論者）。

⑥例如T. Skocpol的成名作《國家與社會革命》（States and Social Revolutions, 1979）、S. Krasner《國家利益的防衛》（Defending the National Interest, 1978）、P. Evans《依賴發展》（Dependent Development, 1979）、E. Nordlinger《論民主國家的自主性》（On the Autonomy of the Democratic State, 1981）、A. Stepan《國家與社會》（The State and Society, 1978）以及C. Tilly、D. Rues-chemeyer等人的相關文集。激起這股國家角色重返學術舞台的主要浪潮之一，是70年代美國知識界的新馬克思主義風氣（主要是由Monthly Review、Telos、Kapitalistate、Insurgent Sociologist等學術雜誌開啓討論之門），例如G. Therborn《統治階級在統治時做了什麼》（What Does the Ruling class Do When It Rules? 1978）、E. Wright《階級、危機與國家》（Class, Crises and the State, 1978）等代表作。無論是國家中心論或新馬克思主義，它們的主要焦點是放在官僚體系、階級分析以及兩者的互動關係（以上參見Burawoy, 1982:4-8; Carnoy, 1984:208-9; Skocpol, 1985: 28-9）。

⑦參見Migdal, 1987:392-3; 1994:8-9,23-30; Nordinger, 1987:365-71。依國家自主與社會回應這兩個簡易變項，可區分如下類型：

(低)－國家自主－(高)

(高) 社會回應 (低)	被動 國家	主動 國家
	弱勢 國家	強勢 國家

　　值得注意的是，他們所討論的國家角色是放在具有決策權力的政治領袖或公職人員身上，較少去關注所屬次級組織的結構自生與權力客體化的趨勢。

⑧依據這項關係形式，Marx鋪陳出如下的個殊性之論述對象：

　　關係形式：類屬存有→實踐→生活方式→意識爲類屬存有。

　　第一階段：共有社群→勞動→原始共產社會→意識爲共有社群；

　　第二階段：貴族社群→異化勞動→封建社會→意識爲主奴關係；

　　第三階段：資本家社群→異化勞動→資本主義社會→意識爲階級
　　　　　　　關係；

　　第四階段：共有社群→勞動實現→無階級社會→意識爲共有社
　　　　　　　群。

⑨上述的陳述，有助於進一步指出「能思」（noesis）與「所思」（noema）的差異關係。就馬克思方法學而言，能思不僅指向所思，所思更且亦是能思的基礎，做爲能思基礎的「所思」、與作爲能思對象的「所思」，兩者的差異便在於實踐理論的介入。這即是某些論述時常以所思的正當性與否來反溯能思的正當性問題時的混淆之處，例如Popper即認爲，在民主改革中所存在的一些反對的偏見之所以普遍流行，這些社會哲學（包括Plato, Hegel, Marx）實在是難辭其咎（Popper, 1966, V.I:2）；同時，也是吾人容易就晚期資

本主義白領階級的興起來質疑階級關係、並進一步全盤否定馬克思理論的片面論證所在。以理論內容來反證理論立場，其結果正是將馬克思等能思主體賦予一種神聖化的先知色彩、再加以誣蔑一般。因此，就意識的社會屬性而言，Baudrillard較持平地指出「馬克思以勞動力來界說勞工階級時，仍置身於布爾喬亞勞動理論的魔咒之中，同時也無法推翻古典經濟學者對於使用價值與交換價值之間符應關係的建構概念」（引自Harland, 1987:178-9），也就是說，馬克思方法學的批判對象，並不局限於對生產方式、生產關係及其階級關係的批判，必然得隨著處境變遷來反省資本主義自主性的發展性質，並兼及結構與意識型態批判。就此而言，關於馬克思主義（或任何意識型態）的正統爭議或教條宰制，亦只不過是一種自娛式的詮釋遊戲或鬥爭工具罷了。

⑩也就是再生產作用與非再生產作用（或轉化作用）。在既定的程序、關係或結構條件下，再生產作用就是一種複製（copy）或仿造（imitation）作用，使所處的程序、關係或結構得以持續存在。鋼琴製造者是底層生產者，鋼琴家是上層再生產者，由於鋼琴家的貢獻，鋼琴製造者繼續生產鋼琴，假定鋼琴家改拉小提琴、甚至改吹法國號，就改變了鋼琴製造者的生產內容，對鋼琴而言就是非再生產作用。國家角色對於資本主義民主的再生產作用就是維繫了既定的資本累積過程以及階級矛盾關係；一旦資本累積受到國家權力的影響而停滯或是階級關係發生轉化效果，那麼，國家角色對前一階段而言，就是一種非再生產作用，並開啓了下一階段的生產作用（參見Bandyopadhyay, 1986: 193; Phillipson, 1993:144-6; Williams, 1980: 34-5）。

第二章

資本主義的政治性質

　　人類一開始從事政治活動，便跌入「私利／公益」以及「道德／倫理」的關係當中；至於政治活動的思考，也在這些關係當中爭議不休：

個	道德	倫理	社
人	私利	公益	會

　　個人的私利要限制到何種程度，方能達到社會公益？個人的道德要提升到何種境界，方能成就社會倫理？前項問題假定著，個人私利與社會公益的關係是一種物質上的形式矛盾關係；後項問題假定著，個人道德與社會倫理的關係是一種理念上的形式蘊含關係。這兩項形式關係的差異，是建立在一項前提之下，即：個人的私利與道德之間的對峙（tension），或「義與利」的對峙。將這兩種形式關係放在具體的論述對象來加以探討時，「義與利」的對峙就成爲一種實質的處境關係。當然，這項對峙可以從純粹思維的形式關係當中取得和諧，甚至可以類比到公益與倫理的和諧；但這並不表示，凡合理的均可在實質的處境關係當中加以化解①。

　　在實質的處境關係當中所呈現的「義與利」的對峙——也就是實踐理性與工具理性的對峙——不僅指出了道德教化本身的局限性，以致必須訴諸於法律的另一面實質的制裁力量，也就是與法律的「自明」規範相對應的「宙斯之怒」；同時，也指出了這項制裁力量所要達到的實質效果爲何

的問題，即「權力行使均有其目的」，這項目的就是某種形式意義的共同利益，在實踐理性與工具理性的對峙作用下，分別呈現出實質內容的倫理生活或統治階級利益。進一步來說，這項對峙作用也隨著處境關係所在的社會條件的差異而消長，連帶地改變了共同利益的實質內容。因此，權力政治與倫理政治的消長關係，不僅反映了共同社群身處的社會條件，也同時賦予了共同利益的不同的實質內容。在現代國家興起時期，剛好可以代表著社會條件的巨變（即戰爭處境），以及權力政治與倫理政治在觀念上的明顯分裂，使先前存在於倫理政治觀念核心的對峙問題產生了重大改變：從「個人的私利與道德的對峙」轉向「個人與國家的利益對峙」；從「利益或價值」的二重形式關係轉向「利益即價值」的單一形式關係。個人與國家之間的形式關係則呈現為：如何限制個人私利，以達到國家利益？如何讓社會價值體現出國家利益？這項國家利益即是由戰爭處境所反映出的國家安全②。因此，個人與國家的關係便是「個人放棄其原始私利，服從於國家權力」，依此形成三段關係命題：個人私利必須經由公共利益的實現而實現；中介著個人私利之實現的這項公共利益，是國家權力支配的正當性來源；這項權力支配具體表現為法律的制裁作用。就現代意義而言，原始的倫理思想所意涵的法律規範效果，必須透過合法暴力的制裁作用來維繫，同時，這項制裁作用必須建立在國家理性（Raison D' Etat）③的認識上，亦即「君主」角色隨著公共精神的彰顯而客體化為國家組織（即現代政府）；至於國家形式化所意

涵的「公共精神如實地表現在權力支配」的課題，則必須從
其對立面──即「權力支配如何表現出公共精神」──來思
考。

第一節　利益政治

　　以權力支配者的立場來詮釋權力支配的意義，會產生兩
種截然不同的效果：假定支配者與被支配者的人性條件是相
同的，則權力支配者所要彰顯的公共精神，無疑地是支配者
本身的精神產物，明確地說，是其私利；假定這兩種人性條
件是相異的，則構成這種差異的因素在於權力本身，權力本
身便具有公共精神，只不過是假借支配者的手加以彰顯罷
了，那麼，「君主」便是一項虛擬化的角色，必然具體表現
在國家組織的權力運作過程中，亦即國家組織的代理人均具
備主權行使的意義。但是，這兩項推論並不能爲現代國家初
期的「開明專制」提出合理的說明，反倒留下不開明的專制
與不明確的組織化之間的對峙關係，這項關係反映在當時的
政治處境，便是從「國王／國會」（King and Parliament
）轉變到「國王 v. 國會」（King-in-parliament）的憲政
轉折點④，這項轉折主要表現在國王絕對特權的爭議上：國
王向人民征稅是否要經過國會認可⑤。前此的倫理政治與權
力政治的關懷，均將貧富階級的對立所隱含的財產分配問題
視爲是私人領域或次要的政治問題，最多也僅是當成政治領

域的一項社會構成的課題來討論。在這裡，代表著舊式地主
與新興資產階級（即Tory與Whig，尤其是後者）的利益代
理的國會成員，與王權之間的權力關係已從整體的、虛構的
共同利益的和諧，轉變成個別的、實質的部分利益的對立；
從有機論的類比關係解放出來，走向構成社會整體的個別成
員；從安全的課題（軍隊與權力集中）轉移到實質的私利對
抗（稅源與權力平衡）。這項轉變一方面反映了新型態商業
社會興起的經社條件（城市與資產階級）對政治的衝擊，同
時，也預示了對政治活動的互動關係的重新思考：從「個人
與國家的利益對峙」轉移到「個人與國家組織（即政府）的
對峙」；從「利益即價值」的單一形式關係轉移到「私利即
其價值」的單一形式關係。個人與國家組織之間的形式關係
便呈現為：如何限制國家權力，以促進私人利益？如何讓私
人利益體現出共同利益？從私利立場來理解政治性質，這項
思考方式是以新教倫理的自律規範（自愛即自利）來化解個
人的私利與道德之間的對峙 ⑥，同時，也相應地以平衡觀念
（權力分化與市場規律）來取得形式關係的和諧。洛克明白
提出「維護私有財產乃是政府的目的」（Second Treatise,
C. IX:124），這項觀念為後起的資產階級意義下的利益政治
開啟了理論大門；史密斯則從資本主義社會型態的實質處境
關係當中，取得了一項化解利益對峙的自明規則，進一步為
利益政治塑造了宏偉圖像（即政治經濟學）。

　　何以政府的目的在維護私有財產？這是假定：私有財產
是一項不可讓與的自然權利；為進一步確立私產關係而訂立

一項包含著社會所有成員的契約（即政府成立的依據）；凡
危及到私產關係者，均為自然法所不容（即政府的正當性問
題）。由於政府代理人亦是契約當事人，該項契約對政府亦
構成規範效力，政府的權限亦僅止於確認並維護財產關係，
亦即保障自然權利⑦；政府若違背這項原意，則契約效力即
告消滅，人民得另立契約⑧。那麼，政府權力就是建立在人
民同意基礎上的「必要之惡」，人類從初民社會式的自然狀
態進入社會狀態（即政治社群或公民社會），就是要產生並
維持著一項權力受限的政治工具來保障人民的自然權利⑨，
「國王征稅必須經過國會同意」的結論也就不言而喻了。因
此，國王與國會之間的權力關係便進一步演變成行政權與立
法權的分立，代表著新興資產階級利益的國會，逐漸在政治
領域正式取得了詮釋自然法與創制實定法的正當權力，這項
權力不僅為爾後資產階級的政治權利頒佈了特許狀（例如，
對公民資格的財產限制），更且也建立了個人主義式自由主
義在政治領域的意識型態主導力量。然則，洛克以「社會契
約」方式來說明「自然權利」、進而建構出以私有財產為主
軸的政治活動的形式關係，這項觀點並不能具體解釋商業社
會變遷以及隨之而來的利益政治的演進；「社會契約」必須
代之以人類學的歷史考掘，「自然權利」必須代之以社會分
工過程的財產變動關係，來具體說明私有財產如何形成社會
財富以及政府角色如何定位等問題（Pocock, 1983:235-7;
Dunn, 1985:57）。史密斯的方法就是從這種實然處境關係當
中來證明：個人的私利追求有助於共同利益（即國富）。

從農業社會過渡到商業社會的一項最顯著的差異⑩，就是：隨著交易的頻繁而形成龐大的市場體系，社會分工的要求也因應於市場規模的需要而愈形細緻⑪。這種商業型態的出現乃是源於人的自利心（self-interest）⑫，神聖的勞動成果也隨著這項分工過程，具有不同的價值內容並產生三種階級（即相應於土地、資本與工資這三種生產要素，形成了地主、資本家與工人的社會關係）⑬，三種階級之間的互動關係是由生產與需求所形成的商品價格差異來維繫，產品必須通過市場交換過程所決定的價格來實現財產的意義，由貨幣形式所表示的商品價格使財富得以持續累積。可以說，交換過程的價格變動是由供給與需求之間的平衡法則（即看不見的手）所操控著⑭，個人財富的增減亦如是。具體來說，「我們能夠獲得飲食，並不是基於屠宰者、釀酒人以及麵包師的恩惠，而是得力於他們對自身利益的重視。他們並非訴諸於人道主義，而是訴諸於他們的自利心」（Wealth of Nations, B. I, C. II, §2），我們的飲食需求愈大，他們也愈勤奮，勤奮的酬勞加上節儉的美德（即新教倫理的自愛觀念），使個人累積了財富，同樣地，人人在其社會分工的生產過程中愈加勤奮與節儉，則人人的財富累積愈大，社會財富的總量也在無形中擴大（即國富）。這項觀點是將自然法的義理加以世俗化，其論證在於：(1)人人依自利而行動，將同時為社會提供了最佳利益；(2)個人對社會利益的貢獻行為並非基於認識到公益即私利的這種理性觀點，也不是個人自利行動的衍生附產品，而是競爭行為本身的一項內在性質所偶生的公

益；(3)此一內在性質使個人的自利行動在社會中具有普遍意義，進一步形成「經濟人」（homo economicus）的觀念（Viner,1960: 60-1）。因此，維繫著個人及社會的這項世俗化關係，便同時體現在自愛倫理（《道德情操論》）與自利倫理（《國富論》）⑮，社會整體所具備的這種自行調節的過程，即所謂的「天生自由」（natural liberty）：「當所有偏袒或限制的體系完全排除時，天生自由會自動地將自己建立成清晰又簡單的體系，只要不違反公平公正的法律，則人人都被允許完全自由地依己意追求自身利益，亦可將他的產業及資本來和他人或其他階級的人自由競爭」⑯。如此一來，政府的角色（職責）就僅限於「(1)保護自己的社會免於其他獨立社會的欺凌與侵犯…；(2)儘可能保護自己社會的每一成員免於其他成員的不法或壓迫…；(3)建立並維持某些公共工程或公共設施」（Wealth of Nations, B.V.C. I.S.I, §1; S.II, §1;S.III, §1），也就是國防、司法，以及高成本、低收益的某些公共事務。這不僅是在消極地反對任何假借政府之手來進行額外獎勵與限制的重商主義政策，更且是積極地提倡依「天生自由」的方式產生高度經濟福祉、由「看不見的手」調和私利與公益的這種自由放任（Laissez-faire）的思想⑰。史密斯的洞見不僅承繼了共和主義傳統中關於個人在社群中追求最大福祉的觀念⑱，也為競爭式資本主義社會的政經體系奠立了科學化分析的基礎架構：假定個人的理性能力可以認識到「公益即其私利總和」，則「最大多數人的最大快樂」的功效主義論點即可成立；在前項假定

之下，若市場均衡法則的自明性可以確認，則「最小可能的政府」的自由主義經濟理論觀點即可成立；在前兩項假定之下，若社會動態均衡是一種持續且和諧的自主歷程，則「經濟自由化」的現代化理論觀點即可成立。這些衍生觀點均共同指出了現代資本主義社會的政治性質所在；即：以國家共同體爲中心的權力政治傳統必須倒轉成以個人爲中心的利益政治。

　　這項轉變同時蘊含在理論理解與現實考察當中。就理論理解而言，史密斯的分析焦點是放在生產的勞動過程：由生產要素所構成的產品，通過市場交換而產生商品價格，換得的購買力則轉成下一次生產的生產要素（即C-M-C′），在這段過程中的任何侈奢浪費均會損耗生產要素的積聚，直接影響到下一次生產，也就是身強力壯的工人的產能較大，集資愈豐的資本家的產量愈多，這種看法在財產觀念從土地轉移到貨幣形式的初期工業社會中，有其劃時代意義，也就是體現了新教倫理與資本主義發展的商業倫理。然則，新教倫理是否如實地存在於資本主義社會呢？以及，勞動成果（尤其是累積）是爲了榮耀上帝，或是另有實質目的？這項課題就必須從現實考察當中尋求解答。

第二節　商品政治

曾經吹皺蘇格蘭啓蒙運動一池春水的曼德維爾（B.

Mandeville），在觀察英法兩國強弱原因之後指出：人本是自私、頑劣且好逸惡勞，人之所以辛勤工作而間接造成國家富裕，無非是爲了滿足欲望所致，節儉美德只不過是政治人物偽造出來讓人們相信心存公益比專注私利更高尚；只有奢侈浪費方能順應人的脾性，使人不得不賣力生產以滿足欲望，間接造成國家富裕，此即「諸多惡行，有助公益」（Gobetti, 1992:190.n.3; Hayek, 1978:250; Horne,1978:14, 17, 32,72; Pinkus, 1976:1630.）。這項觀點一方面說明了經濟生活的非道德性質，也說明了政治生活中「公益」的偽飾性質。那麼,位居資本主義發展中樞的資本累積（即M-C-M'），就必須從另一種角度來加以考察：(1)資本累積來自於支付地租與工資之後的剩餘利潤，支付愈多則剩餘愈少，資本家必定竭盡其能來壓低地租與工資，以擴大資本累積，因此，資本家、地主與工人三者之間便形成利益矛盾的關係（工資與地租的相互抵消，形成地主與工人的利益矛盾）；(2)初期工業社會的利益矛盾主要存在於資本家與地主的對抗，因而形成了近代國家官僚、代表地主的貴族階級以及新興資產階級三者之間的利益爭奪；(3)當資產階級取得了代議政治的正當化權力之後，利益矛盾便轉移至資產階級與工人階級的對立關係上，資本累積愈集中，對立關係愈顯著，「利益分配」遂成爲政治領域最主要的正義課題。一旦這項課題如同前述的「公益」性質一般，是一種政治偽飾，那麼，利益政治就是赤裸裸的私利追逐，法律與制度不再具有倫理的意義，而是現實利益的競爭與維繫的產物，政治人物就是政治的資

本家，政治訴求就是一種產品推銷，政治領域也隨著資本主義社會的愈趨完備而逐漸邁向商品化時代。在這項轉變趨勢中，熊彼得以經濟模式類比出「政治市場」的實然運作性質，當斯則進一步開啓了這項類比模式的理論分析基礎。

　　資產階級的代議民主是否眞能表達人民意願並實現公益？這項課題必須假定著每個人均有理性判斷的能力，經由授權所選出的代議士的角色宛如醫生依人民意願而診斷（Schumpeter,1976:247-50）；然則，熊彼得認爲，從心理學及經濟學的角度來看，人都是從衆、無知且易受引誘的（ibid.,:256-7），人民愈不理性，黨派團體可圖謀私利的機會就愈多（ibid.,:261-3），相應地，對公益內容的詮釋就會紛歧不斷（ibid.,:251-2）。由此可知，「依理性來決定公益」這項古典政治理念並不眞確，反倒更像商品行銷一般地是被塑造成的產品（ibid., :263），政治人物乃是在爲謀求地位而相互競爭選票，官僚乃是在爲謀求職位而相互角逐關愛（apointment）（idem., 1991: 439），政黨的目的也是在從事競爭以獲取主導權（idem.,1976:283），民主只不過是一種方法與程序，是藉由競取人民的票選而獲得決策權力的一種制度安排（ibid.,:269），這些政治人物的實質利益與一般公民心目中的公益是截然不同的（ibid.,:269），選民並不能決定議題，也無法支配政治精英的意向（ibid.,:278-84），兩者的關係猶如生產者與消費者的關係，生產者是經濟活動的規則制定者，消費者則被敎導來適應並購買新產品（idem., 1983: 65），這是現代社會專業化的必然現象（idem., 1976:285）。

熊彼得的實然觀察，乃是源自於對資本主義經濟活動的理解，並將政治領域類比為經濟領域，生產者（政治精英）與消費者（選民）均視為是自利追逐者，在市場機能（民主制度）的運作過程當中相互競爭，進一步體現經濟倫理（制度規範）⑲。然則，這項倫理（規範）事實上是利益政治得以維持穩定的一種意識型態，在各逐其利的政治過程中，精英與群眾的差異不在其性質，而是「累積」的程度，市場獨佔趨勢所造成的生產者（政治精英）購併壟斷的現象乃是「累積」的結果，不可以據此將生產者（政治精英）所賴以維持的倫理（規範）加以正當化類比，換言之，生產者（政治精英）本身亦是短視且易受消費者（選民）的意向所影響，同時，生產者與消費者亦可能在生產剩餘積聚條件的改變之下替換角色。熊彼得一度認為「企業主（政治精英）並非〝經濟人〞，而是具有古騎士精神般地享受創意、勇於征服的冒險家」⑳，這種觀點只是一廂情願，並且與「私利追逐」這項前提相違。當斯在承繼熊彼得的實然分析觀點之餘，所要釐清的課題便是建立一項使「私利追逐」具有一般解釋效力的理論觀點。

把「政治人」等同於「經濟人」，以及把政治理性等同於經濟理性，乃是當斯關於民主的經濟模式的旨趣所在㉑。這裡的理性觀念就是工具理性，亦即如何在既定成本的條件下達到最大收益，或者如何在既定收益的條件下維持最小成本的一種思維方式與策略㉒，這也是政治人（無論是政治人物或一般選民）所採取的觀點，其目的無非是為了自利（

Downs,1957:7），當然也有少數政治人採取了自認爲理性的
利他行爲，然則，從一般的社會行動理論（包括經濟學）所
賴以建立的自利公設而言，這種對短期獲利的自我限制，目
的無非是爲了獲取更大的長期利益（ibid.,:27-8,268），因
此，以「理性且自利」這項經濟學的分析基礎來考察民主政
治的運作模式，就會發現：由於一般選民受到資訊不確定的
影響（即有限的理性），並不瞭解政府是什麼、或者能做什
麼，因而必須依賴各種黨派團體來進一步強化他們的投票傾
向，各黨派團體便以「說服」選民的方式在相互競爭（ibid.,
:80, 94）一旦選民對良善社會的看法具有一定見解時，他們
所關心的是對自身有利的具體議題而不是抽象思辯，當大部
分選民的政治態度趨於溫和時，政黨之間的意識型態對峙也
愈模糊，那麼，從常規選舉中獲取職位來掌控統治機器的政
黨，它們的政策內容便緊盯著選民所提的實際問題即可（
ibid.,: 25-35,98），這是因爲政黨所提的政策乃是爲了勝選目
的，而不是爲了實現政策才加入選戰（ibid.,:28），同樣地，
執政黨的社會功能主要也是爲了獲取其利益，以圖利於所屬
成員的收入、特權和權力（ibid.,:28, 291），在選舉期間，執
政黨試圖盡力囊括選票而持續擴張公共支出，直到給付的利
得與給付的損失的邊際效用相等爲止（ibid.,: 69,73），這些
政策的目的僅在於公民的選票而不是他們的福利（ibid.,:18
）；身爲政府一環的官僚組織也不例外，任何官員均明顯地
受其理性且自利的行爲所趨策（idem.,1967:262），爲了維護
其既得利益，官員均強調他們對社會的整體貢獻以及未來的

能力與服務的重要性，並刻意淡化自身的成本負擔（ibid.,:
279）。可以說，政府也是專業分工下的自利機器，最終目的
是爲了續任（idem.,1957:13,51）。民主政治（即反對黨的存
在、定期選舉）正好提供了有序的競爭架構，讓政治人有效
達到所選擇的政治目的，在彼此對競爭方式熟悉並重覆運作
的過程中表現出政治理性（ibid.,:35）。從這項結合了經濟與
政治觀點的模式當中，可以瞭解到，政治行動所衍生的社會
功能，通常只是附產品，私人野心才是政治行動的目的（
ibid.,:29, 294）。

那麼，「公益」問題又如何理解？依據經濟模式的觀
點，這項問題反映在市場均衡，也就是源自於史密斯的「看
不見的手」這項觀念，以制度形式表現在政治領域。這是假
定個人們在政治互動中訂出一項使雙方的利益增至最大、或
使損失減至最低的遊戲規則，經過不斷地重覆運作，這項規
則逐漸趨於穩定，成爲一種制度規範，無論是參與者或新進
成員，他們對這項制度規範的遵守（即政治義務），著眼點
是認識到利益（權利）大於成本（義務）㉓。因此，就實然的
政治運作而言，正如同只有「個人」的存在而沒有「社會」
的實體一般㉔，也必然只有「私利」的存在而沒有實存的「
公益」。經濟模式試圖從實質處境關係的個人私利立場出
發，設定出「理性且自利」的經濟人的形式關係，並進一步
當成對實質處境關係的解釋法則；然而，這是否解決了「個
人的私利與道德之間的對峙」此一猶如潘朵拉寶盒的政治課
題，乃至進一步建立出結合著私利與公益的良善社會的一般

形式關係呢㉕？此一課題必須從個人主義的意涵當中來進一步理解。

第三節　個人主義的主體性與個體性

　　從理論的角度來看，由利益政治邁向商品政治的過渡階段，蘊含了三個層面的轉折：(1)在形式關係上，個人利益的確認方式是從存有學的關懷（即道德主體的先在性）走向方法學的觀照（即個別獨立且相互一致的個體主義），也就是從古典自由主義的自然神學觀點轉移到科學理論的觀點，當代個人主義的意涵（個體主義式的個人主義）即表現出這項認識歷程的轉折㉖；(2)在處境關係上，個人利益的獲取方式從欲望的實質滿足（即個別的需求內容）走向欲望的滿足程序（即如何獲取需求），也就是從社會分工過程所呈現的個別且相關的需求對象，轉移到社會分工本身所呈現的普遍且一致的交換方式，當代理性主義的意涵（工具理性意義下的效率觀點）即表現出這項程序化的轉折㉗；(3)在社會條件上，個人利益的互動關係從自由競爭式的交換過程（即人際互動在物質上的互惠且自主）走向壟斷式競爭的交換過程（即物質上的互惠且依賴），也就是從個別財產權所表現的使用價值觀點轉移到具有累積意義的交換價值觀點，當代資本主義的自主意涵（市場規模所確立的價格體系）即表現出這項價值關係趨同化的轉折㉘。這三個層面的轉折，乃是源自於

替個人利益的先在性與絕對性提供一項非但是可理解的，更且是可證實的、客觀的模式，也就是個體主義的認識基礎、表現方式，以及存在關係㉙。

就形式關係與處境關係的對應而言，個體主義為理性行動提供了理解的基礎，任何的經濟、社會與政治的行動均以個人立場來思考，同時，行動的目的也回歸到個人利益此一原初目的，至於這項目的的意涵，則是由理性行動的表現方式來確認，也就是以行動方式的成本概念與行動目的的效益概念加以對照，行動的合理性必須是行動的效益大於行動的成本；一旦將行動目的確立在個人的利益觀點上，那麼，對於理性行動的思考重心便移向行動的過程，即如何減少行動所必須付出的成本，或者稱之為如何使行動更有效率，這種對理性行動的工具性思考方式，進一步使個體主義具備了量化分析的根據。個人主義之內在主體性（subjectivity）與外顯個體性（individuality）之間的判別，即表現在這項可量性質（quantitality），為政治行動的科學化歷程建立了認識與分析的基礎，同時，「實然的理解」（實證的政治理論）也取代了「應然的關懷」（規範的政治理論）而成為政治性質的探討主軸。

關於這項從應然返回實然的思考立場，其現實基礎主要還是受制於社會條件變遷的影響。個人主義的主體性一開始是以自然權利的意義登上思想舞台㉚，在現實的處境關係中，具體表現為個別的、獨特的私人財產，個人的自由即在於可完整且任意地處分屬於自身的財產，這項處分權利（即

財產權）同時具備了經濟領域中物質交換的權利，以及政治
領域中公民資格的權利，分別透過金融關係與財政關係來彰
顯個人的經濟自主與政治自由，也就是經由「貨幣」與「租
稅」的媒介作用取得了主體性的現實基礎。個人主義的存在
關係便是在這兩種媒介關係的社會條件上表現出經濟與政治
的兩面性：個人可以將其財產帶入市場交換過程，以貨幣價
格取得個人的需求與欲望，個人需求與欲望的多寡亦決定了
個人與貨幣的媒介關係的強弱，因此，新教倫理意義下的個
人主義所對應的市場型態，是一種初期分工的自由競爭式交
換關係，個人的私利追求也在道德自律的前提下、自行決定
進出這項交換關係，經濟領域的存在關係便是一種互惠且自
主的利益互動關係；同樣地，個人也可以在其一部分財產以
租稅方式轉移成國家收入時，依經濟上的損失來要求政治參
與的權利（即「沒代表，不納稅」），從這個角度來看，公
民權利的擴大與公民資格的放寬，並非受惠於執政者的仁
慈，而是資產階級、乃至爾後的廣義的有生產能力的成年男
子在租稅的媒介關係中的交換所得㉛。這種兩面性的存在關
係，使個人主義在資本主義與民主政治的歷史發展過程中產
生銜接效果㉜。

　　就新教倫理意義下的個人主義觀點而言，致富之道在於
勤奮節儉，為政之道也相應地指向於簡政輕刑，以維護個人
致富為依歸，個人之間的關係理應受到道德主體的約束而呈
現有限利益之競爭關係。由於這項關係是建立在社會分工的
基礎上，社會分工則是社會生產臻於效率量產的自發性組

合，也是整體社會愈趨於進化的經濟機制，個人不僅必須在
社會分工過程的角色當中取得實然的互惠關係，個人價值及
其利益也必然是以所佔有的角色、在分工體系中扮演的功能
來加以認定，這些角色所要顯現的功能則端賴於該分工體系
當中的關係位置而定。一旦上述的媒介關係隨著分工過程的
複雜化而愈顯繁密且重要時，也就是個人全部的生產與消費
行為都必須透過市場交換過程時，金融關係與財政關係便隨
著貨幣與租稅在日常生活的主導地位而愈趨制度化，所形成
的金融與財政制度也進一步使貨幣與租稅的媒介意涵產生了
體系化的作用：財產必須轉化成法定貨幣的形式價格，才能
實現其價值（即市場形態的建立）；租稅項目則是內含在所
有的交換行為當中（即國家形態的建立）。資本主義社會型
態在這種體系化的作用之下，發生了重大改變：(1)個人必須
將其個別財產帶入市場交換過程，由貨幣價格體系來決定個
人的生產與消費能力，也就是個人財產的交換價值決定了個
人需求與欲望的滿足內容與程度，貨幣成為個人在經濟領域
中的行為能力的最終依據，貨幣的可量性質也成為個人該項
行為能力的最終判準，由於個人之間的互動行為必須依附在
價格體系之下來進行交換，經濟領域的存在關係便是一種互
惠且依賴的利益互動關係；同時，(2)貨幣本身的累積性質（
即M-C-M′）亦造成交換過程的非對等關係，在生產行為之
間（例如傾銷）、消費行為之間（例如議價），乃至於生產
與消費行為之間（例如品質與數量）形成壟斷現象，這種壟
斷現象最明顯表現在國家機器透過租稅的體系化作用所產生

的支配關係當中，由於衡常性的收支關係不但提供國家機器各項組織（尤其是文官體系與制式軍隊）得以建立並持續運作的主要資源，並且，組織本身的預算功能亦提供該組織內部人事與業務的永續發展，這些例行性的運作程序致使組織愈趨結構化與官僚化，無論是身為財政收入的消費者或是財政支出的生產者（或者同時扮演著生產與消費角色），國家機器各項組織對於私人經濟領域而言，都表現出強制性的壟斷現象，透過制度來規範政經體系的運作。

　　在這項政經關係的轉變過程中，個人主義的圖像又是何種面貌呢？先前以個別主體性為前提、以天生自由為理解基礎、以利益的意向所表現的互惠且自主的存在關係（即：在經濟活動中任意處置財產，在政治活動中自主表達個人主張）的個人主義意涵，在以貨幣與制度所代表的利益與權力的關係中，個人的意向與價值的主導意義均潛藏在由貨幣所表現、或／且由制度所規範的外在行動之下，透過這兩項程序方能顯示出個人的政經利益，因此，個人的主體性首先是以等量的個體性的方式呈現出來，亦即是以「單一」的消費者或生產者的角色進入市場體系，以及「單一」的公民進入政治體系的運作過程。這種等量的個體性是建立在個體主義的認識基礎之上，從利益表現的外在行動來呈現出互惠且依賴的存在關係，即：在經濟活動中必須交換貨幣，在政治活動中必須訴諸選票㉝。現代個體主義的「理性且自利」的這項前提，其意便是「為個人利益來進行理性計算」，個人利益必須依照可獲取貨幣與選票的外在行動來表現，合於理性計

算的外在行動必須是以累積更多的貨幣與選票爲目的，貨幣
交換的「等價」以及選舉制度的「等量」遂成爲個人在經濟
與政治領域進行互動的第一原則。從個人主義的自由價值意
涵來看，這項第一原則必然會隨著自發且持續的交換過程所
達到的互惠均衡狀態中呈現出來，自由的意義便是經濟人與
政治人均能自發且持續地表現其經濟與政治行爲，「公益」
的意涵即存在於均衡狀態下的形式化第一原則當中，依這項
形式公益來成就個人的實質私利。那麼，資本主義與民主政
治的發展歷程，遂在蘊含著這項形式公益的貨幣體系與選舉
制度的運作過程中緊密地結合起來（即政治市場觀念），先
前以個人主體的意向對財產處置所衍生的政經互動關係下的
利益政治觀點，亦轉變成以個體的外在交換行爲所衍生的政
經形式結構下的商品政治觀點。

註　釋

① 「倫理政治」的奠基者Plato與Aristotle對城邦政治的倫理關懷（
即Politeia），便是分別通過理論理性（對話形式）來確認形式關係
的和諧，以及實踐理性（實踐三段論）來化解處境關係的矛盾。
Plato認爲，個人具有先在的良善本質，社會存在著至善的潛能，對
話的意義即是揭示這種普遍形式的和諧，據此類比到政治領域，便
是：城邦倫理蘊含了公民道德，城邦公益優先於公民私利，公民教
育的目的在於揭示這種關係。因此，政治活動不是一種營利活動，
也不是在維護階級利益，而是城邦整體的利益，這項利益並非表現
在國富（即城邦財富的累積），而是表現在城邦的正義與公民的幸
福。可以説，好的城邦政體必須合乎公益目的，稱職的統治者必須
明白地揭示並奉行於普遍良善；一旦統治者爲德不卒，伴隨而來的
便是城邦政體的腐敗。這項關懷所面臨的問題便是實踐上的困難，
旣然人不可能達到完善，而且所有的政體均必然會腐敗，透過良善
習俗與立法正義的結合過程來建立第二序的倫理規範（法律的約
束意涵了教化與懲戒的雙重效果），放棄哲君之治而走向法理之
治，遂成爲Plato晚年的關懷焦點。然則，這並不能解決在政治行動
中如何從「我應如是做」的形式命題獲得「我如是做了」的實踐
命題此一實踐上的鴻溝。因此，Aristotle進一步指出，各種良善行
動都是在彰顯各種殊善的潛態，殊善的和諧便是至善的彰顯。這亦
假定了個人的良善本質、至善的潛能，以及透過實踐三段論證的當
下證實加以揭示並結合；據此類比到政治領域，便是：任何城邦政
體都具有良善的潛態，最佳且可能的城邦政體亦是一種潛態，以及

透過「公民參與」的政治行動方式來當下彰顯。可以説，富人階級
有其良善的貴族政體，平民階級有其良善的民主政體，兩者的和諧
便產生了中產階級的最佳可能政體；與這些良善政體相對立的，便
是寡頭政體與暴民政體。政體的良莠在於政治行動的目的是爲公益
或私利，實踐理性便是在揭示公民從事公益的政治行動的當下可能
性。當然，這必須假定城邦是自然生成體，人天生就是政治動物，
以及城邦在性質上優先於個人（即整體優先於部分）（Keyt,
1991:140），方能建立公民參與的基礎與目的，亦即透過公民參與
的這種自我訓練的方式來成就實踐理性，進而成就了最佳且可能的
城邦倫理生活。如此一來，Plato所面臨的個人私利與道德的對立問
題（即以禁欲方式來成就道德），在Aristotle的實踐命題上取得了
調和（即節制與中庸）。

②在戰爭狀態下的個人自由，必須建立在個人生存的安全之上；公民
自由的問題也必須在國家安全的前提下來理解。進一步來説，公共
精神（public spirit）的實質意義及其實踐，必須體現出國家的長治
久安，亦即「維護城邦共和的完整」以及「在此一自由政體之下的
公民均享受同等機會積極參政」，義大利文藝復興時期人文主義的
自由觀念就是以這種公共精神來闡述個人自由與城邦權力之間的
關係（Skinner, 1978: 77, 80-1）。至於公共精神（即公民自由與價
值的體現）的實質內容所在，則是Machiavelli與傳統政治思想的決
裂之處，開啓「權力政治」的思維典範，他認爲，公共精神並非
Cicero意義下的善行美德，而是一種生機勃勃的膽識與韜略（virtu
），這項膽識與韜略是大公國得以長治久安的必要工具，也是君主
的修爲：因地置宜地在亂世中表現戰爭的藝術，在維繫大公國地位
時表現出威嚴如猛獅、狡猾如狐狸，承平時期則繩之以法律規範並

嚇之以武力制裁，逐步透過政治霸術的行使，把隨處可見及墮落狀態的邪惡人性引導至對共同體的服從（即公民義務），方有可能進一步實現公民的公共精神。可以説，君主的公共精神表現在權力支配上，以維持共同體的完整與自主；公民的公共精神則表現在服從的義務上，積極參政（即民兵的原始意義）以體現自由。兩者的結合，便是共和思想的具體表現；亦即以權力所表現的法律的制裁作用，來實現一體兩面的公民義務與自由，這項權力所意涵的「君主的公共精神」便是現代國家觀念的雛型（ibid., 1978: 104-9）。嚴格來説，國家（state）概念是文藝復興時期政治思想的遺產之一，在14世紀宮廷顧問的觀念中，status指的是統治者維持政權穩定的處境與條件，雖然意識到君主權力與政治構成體之間的差異，然則後者仍舊隸屬於前者的控制之下；以Machiavelli爲代表的古典共和思想認爲君主權力只是政治秩序（Lo state）的化身，但並未進一步釐清國家權力與公民權利之間的關係，相反地，是將兩者加以等同看待。現代國家觀念的確立則是要歸功於Hobbes，《公民》（De Cive）一書開宗明義指出「更嚴格地研究國家權利與臣民義務」，個人與國家的應對關係透過社會契約而確立，《巨靈》（Leviathan）中的「人造之人、有限的上帝」便是明白宣示一部自主的權力機器，這個「偉大的巨靈，稱爲共同體或國家」，Hobbes可算是第一位有體系地、抽象地提出現代國家理論的思想家（參見D'Entreves, 1967: 69-95; 1973:313; Habermas, 1973: 48-9,59,70; Skinner, 1989:90-92,101-3,110-2,121, 126; Vincent, 1992: 43-4）。
③「國家理性」依照Meinecke的權威界定是指「民族處境的基本原則，國家實體的第一動因。使政治人物必須致力維護國家的富強。國家是一個有機體，它的所有權力都是在維繫國家自身的持續茁

壯；國家理性便是同時指出了茁壯的路線與目標。……由於國家不僅是有自身特定生命的個別結構體；也是特定結構型態與環境所塑造的生命體之一般規律，因此……國家的行事原則就同時具備了個別與普遍、不變與可變」（1984:1）。國家行事的普遍與不變的原則就是國家有機體自身的倫理意涵與富強目的，它的個別與可變的原則就是國家權力的行事策略，只要合乎國家目的，不義的策略亦成爲正義。最早致力倡導「國家理性」的思想家，可溯至Machiavelli同時代、並受其影響的G. Botero，在維繫大公國富強的目的下，君主的治術就是行事策略，從《君王論》（The Prince）所揭示的強權政治思想，遂和《論述集》（The Discourses）所闡釋的共和理念分道揚鑣，產生了現代國家以權力爲後盾，進行縱橫杯葛的霸權觀念（即Machiavellism）。當然，在政治思想研究上，亦形成兩種Machiavelli面貌的爭議，J. Pocock及Q. Skinner等當代學者即在致力「還原」Machiavelli的共和理念。

④這項轉折點肇始於以蘇格蘭王James Ⅵ身份繼承Elizabeth Ⅰ王位而統治英國時引發的國王特權的爭議，新王James Ⅰ（1603-1625，即蘇格蘭王James Ⅵ）試圖打破Tudor時代國王與國會的平衡關係（這項關係表現在國會提供稅源與國王執行預算之間的協調過程），藉以提高王權的絕對地位，引起了擁有大量新興資產階級支持的國會的強力反彈，兩方的對峙持續至Charles Ⅰ（1625-1649）而發生1642內戰、1649 O. Cromwell建立共和政體、1660 Charles Ⅱ復辟（值得注意的是先恢復國會，再迎立國王），以及1689光榮革命，自此王權行使受國會制衡的政治運作終告確立，成爲現代英國的憲政基礎（Elton, 1968:229, 301; 1974.V.2: 33,35）。

⑤這項爭議的關鍵點在於國王是以自然人身份（King's body-personal）而享有絕對特權（prerogative absolute）？或是以政治體的身份（King's body-politic）在法律授權下而享有一般特權（prerogative ordinary）？若是前者，則國王得逕行征稅而不必經過國會同意；若是後者，則國會有權干涉國王的課稅行動（Wheeler, 1975:48-9,56）。

⑥新教倫理在這項環節所產生的作用，是由Weber享譽20世紀的論述典範揭示出來的。Weber認爲：「人對於（上帝）所託付的財產，必須扮演忠誠的僕人或營利機器而服務……，只要禁欲的生活精神經得起考驗，財產就會愈多，也愈會感受到保存財產以榮耀上帝、以及勤勉勞動以增加財產的重責大任。這種生活風格的出現……其一貫的倫理基礎，是在新教禁欲倫理中所揭示的。……一旦對消費加以抑制以及解除了營利枷鎖，這兩項相結合的外部效果就很明確了，亦即透過禁欲式的強制儲蓄而導致資本形成。……近代資本主義精神以及近代文明的一項基本構成因素，便是以天職（calling）觀念爲基礎的理性化生活態度……，助長了近代經濟組織的龐大秩序的建立」（1976: 170, 172, 180-1）。依這種理性化的精神所催生的資本累積，同時表現在技術創新與經濟組織的持續擴張上，「無疑地決定了現代資產階級社會的生活觀念」（ibid.,: 75）。這項論述典範（相對於Marx異化勞動論），迄今仍被援引來探討東亞經濟與儒教倫理之間的親近關係。

⑦「既然人們加入社會的主要目的是和平且安全地享受他們的各種財產，而達到這項目的的主要方式與工具則是社會所制定的法律，因此所有國家的最初與基本的成文法就是關於立法權的設立……：(1)應該以正式公佈的既定法律來進行統治，這些法律不論貧

富貴賤，都一視同仁……；(2)這些法律除了爲人民謀福利這一最終
目的之外，沒有其他目的；(3)未經人民自己或其代表的同意，絕對
不能對人民的財產課稅……；(4)立法機關不應該也不能夠把制定
法律的權力轉讓他人，或將之置於非經人民安排的他處」（Second
Treatise, XI: 134, 142）。

⑧「如果任何一個人或更多的人未經人民的委任而擅自制定法律，則
他們所制定的法律是沒有權威的，人民也沒有服從的義務；人們因
此又擺脫從屬狀態，可以隨意爲自己組成一個新的立法機構，可以
完全自由地反抗那些越權地強迫他們接受某種約束的人所採取的
勢力……，當立法機構意圖侵犯人民的財產，使他們自己或社會的
任何部分變成人民的生命、權利或財產的主人時，或加以任意處分
時，他們便背棄了他們所受的付託」（Second Treatise, XIX: 212,
221）。

⑨「自然狀態」與「社會狀態」的對比不僅分判了「野蠻／文明
」、「戰爭／和平」的差異，同時，也指出了civil society的原始意
義，也就是在個人主義的基礎上，依其自身意願結合成一種持續性
的互動關係，這項關係的維持有賴於建立在個人同意基礎之上的制
裁力量。然則，「個人轉讓其原始權力」（即契約形式）以及「人
人斷不能違背其自願」（即契約效力）這兩項命題，正好構成了自
願剝奪與合法宰制的政治效果，這是建立在「主權者並不違契約項
目」的前提上，也就是權力支配不違其正當性。這也正是civil soci-
ety最重要的政治意義，即：以道德規範與制度限制來約束權力支
配者。Civil society概念正如同「公民社會」、「市民社會」、「民
間社會」的譯詞一段，有其不同的意涵與思想傳承。最早的civil
society觀念是在15世紀出現，指的是政治社群的生活條件，包括新

興城市及其法典所呈現的文明風格與商業藝術，這些內容是屬於市民之間的公共行爲與態度的領域（相對於私人生活以及野蠻社會而言），具有從自然狀態邁向社會狀態的倫理特性，因此可稱之爲「公民社會」。由於國家的興起是擺脫自然狀態的第一步，公民社會即等同於國家型態及其律法（如Bodin, Hobbes）；但是，一旦國家行爲侵入私人生活時，公私領域的界線就顯得任意且主觀（在君民之間界線上的任意規定，在君主治理標準上的主觀行事），遂產生第二種「公民社會」的意義，即新興市民階級的自律，表現在自由的經濟活動與平等的社會互動關係上，國家只是公民社會當中的一項工具，以維護公民的自由與平等眞諦（如Locke, Smith, Ferguson）；這項公民自律的原則進一步衍生對國家權力的約束，一項更爲完整的公民社會意義便隨即產生，也就是把國家當成「必要之惡」，儘可能讓公民自行治理（如Paine, Jefferson），這三種「公民社會」觀念是依照國家與社會之間的權力互動關係而區分，它們的共同前提是公民的自律道德。但是這項前提的現實意義隨著資本主義社會（burgerliche Gesellschaft）興起之後所顯見的私利爭奪與權力榨取而廣受質疑，civil society的另一項意涵便孕育而生，那就是非道德與非政治、且純屬私人領域的「市民社會」（如Rousseau, Hegel, Marx）。可以説，civil society概念夾雜著社會的、政治的與倫理的內容。晚近再度成爲熱門討論課題的civil society，則是放在與國家權力對抗的關係上（即「civil society v. the state」），1960年代的新社會運動，以及隨後的拉丁美洲、乃至東歐民主化過程，均試圖重建一個外於國家機器控制的公共領域，此即「民間社會」（以上觀點參見Cohen & Arato, 1992: 29-30,87-91; Gobetti, 1992: 40-1; Keane, 1988: 35-6; Seligmen, 1992:

5,21-5）。

⑩儘管自然法學派對財產理論的關懷是將之看待成社會正義的基
石，但是在其歷史框架的論述過程中，均未參照到社會形成的問
題，充其量只是道德哲學上的爭論。Smith所強調的是進入財產起源
的社會條件中，發現財產的意義以及在不同的社會形成內容下的財
產改變的情形，亦即從漁獵社會、游牧社會、農業社會，過渡到商
業社會下的財產轉變過程。可以說，Locke及Smith均表現出關於財
產制度的〝自然〞過程，質問的焦點卻不同，Locke關心的是私產如
何取得正當性的問題，Smith關心的是商業社會如何興起以及如何
解釋的問題；Locke認爲個人行爲來自於自然法則，財產是自然生
成的，Smith顯然否定這種論點（參見Buckle, 1991:2-4; Bowles,
1985:206; Reeve, 1986:61）。

⑪「分工的形成是緩慢且漸進的，是一項必然的結果……，是以某物
換取、交換或交易另一物的這種習性的結果……，產生分工的原因
來自交換能力，所以分工的範圍必然常常受到交換能力大小的影
響；換言之，即受市場規模所限制。」（Wealth of Nations, B. I,
C. II §1; C. II §1）。

⑫「人類經常需要同類的援助，當然不能寄望這種援助純粹出於他們
的恩惠。他如果能夠爲了自己而刺激別人的自利心，這對他是有利
的；並使他們知道他們爲他所做的，乃有利於他們的，如此一來更
能奏效。任何人向他人提議某項契約時莫不打算如此。〝給我以我
所必要的，然後你也取你所喜歡的〞，這是任何交易的意義所在」
（Wealth of Nations, B. I, C. II §2）。

⑬「等級」（rank）與「階級」（class）在18世紀的英語用法中有
了較明確的區分，後者經常用來指社會分工過程的商業社會的不同

階層，Smith雖然沿用rank來說明地主、資本家與工人這三種商業社會構成體，到D. Ricardo才正式採用class，然則，依Smith所要表示的旨意而言，「階級」一詞反而更貼切（參見Wallech，1986:409,418, 421-5）。

⑭以供給和需求之間的關係來說明市場價格的變動情形，在蘇格蘭啓蒙運動時期已漸行採用（J. Steuart採用19次，Simth採用14次），至T.Malthus為止的經濟學著作中，至少出現了472次（參見Thweatt, 1983: 289-90,293）。由供給與需求之間的自然變動而達到最適平衡狀態的這項觀念，就是自然法世俗化的「看不見的手」:「每個人都不斷努力為自己所支配的資本尋覓最有利可圖的用法。他的念頭當然不是社會利益，而是自己的利益。但是當他圖謀自己的利益時，自然地或更確切地說是必然地，會使他選擇了一種對社會最有利的用法……，結果就等於每個人的努力會使社會收入達到最高程度。一般而言，個人當然既無意於想促進社會利益，也未知於自己是否促進了社會利益。寧願支持國內產業而不願支持國外產業，其用意只是為了自己的安全。他們引導產業勞動，使生產物達到最大價值，用意也只是為了自己的利潤。這種場合如同其他場合一樣，是由一隻看不見的手所指引，促進了一個他們毫無意圖的目的。他們無意於這項目的，並非是不利於社會。他各自追求自身利潤，比起真想要促進社會利益時，往往還更有效地促成了社會利益」（Wealth of Nations, B. IV, C. II, §9）。

⑮Winch, 1978: 10。自愛與自利都是源自於人在社會中彼此相等、獨立且互為競爭的一種自我保存的欲求，使這些活動得以維持平衡的，不僅是一種對陌生人的同理心的立場，同時也表現在等價商品的交換過程中（參見Mizuta, 1975: 127）。

⑯「天生自由」的觀念受到牛頓物理學與重農學派的啓發，由Smith
加以發揚光大，指的是每一個個體在不受威脅或恐懼的環境中，都
有能力實現他自己的最佳成果。Smith將自由放任的商業過程看成
是天生自由的體系，或是事物隨其本性而全然自由的條件，這項看
法對自由放任或資本主義的觀念影響甚鉅（參見Boulding, 1973:
61-71; Cropsey, 1975: 148-9）。

⑰18世紀所大力提倡的自由放任思想，同時具有法律、政治、倫理與
經濟的關懷面向，對於政府活動的限制即是在維持著交換過程的正
義與和平，這項觀念至19世紀成爲自由主義者的主要關懷（參見
Viner, 1960: 45-7, 63）。

⑱這項繼承是來自F. Hutcheson所謂的「在我們的認識範圍內，來追
求最大體系的最大快樂與完善」，即個人的快樂是在社群當中獲
得，社會福祉只有在個人宣稱他有權追求個人快樂的情形下才能確
保，無論個人所追求的是否與他人的良善相一致，亦即在道德感的
前提下，人人不必經由強制與約束便可達到和平共處（參見
Gobetti, 1992: 108, 125）。

⑲Macpherson認爲，以Schumpeter爲代表的均衡式民主理論模式，是
將民主市場的自利競爭類比成供給與需求會自行調節的最適均衡
狀態（Macpherson, 1977:79）。

⑳Schumpeter, 1983: 93。自然貴族論是道德政治的遺緒，抱持這項觀
念的人，均認爲「應該」有某種人具有大公無私、以百姓心爲心的
胸懷，因而主張政治領域「必須」由這些德性超卓的人來領袖群
倫，例如Burke的理性國會、Rousseau的立法家，乃至Lenin的民主
集中制，都是眾所皆知的，精英民主理論亦不例外。Schumpeter所
強調的企業主精神，是承繼自Weber的政治志業論，Weber認爲政治

人物應該是「爲政治而活」，而不是「靠政治生活」，不以政治利益爲私人生活的物質基礎，也就是在「家有定產」的前提下，以政治爲理念實現的依歸（Weber, 1991: 84-5）。因而，Schumpeter認爲政治人物應該要具備更高的素質，理由即在於政治事務耗費人力與精力，容易形成政治人物的外流，令企業主望而卻步（Schumpeter, 1976: 290-1），可以說，Schumpeter的政治理論正好反映了從利益政治邁向商品政治過程中的價值矛盾處境。

㉑Downs認爲，過去的規範式政治模式通常都假定：有某種確定的良善目標；行爲必然是要達到此一目標；這項行爲應該由眞正民主社會的成員所力行。形成這種看法的原因可能是：民主政治的全民意志觀念的影響；經濟學者並未對政府動機進行解釋；經濟學最多只是關心社會福利的問題（Downs, 1957: 31,293）。

㉒Downs認爲，理性只適用於行爲人的行爲方式，將該方式界定爲「有效率的」，亦即在既定的輸入條件下達到最大的產出，或是在既定的產出條件下達到最小的輸入。因此，理性的行爲是在各種選項中比較其偏好順序，選擇最有可能的選項；在面對相同選擇的問題時，亦如此決定（Downs, 1957:5-6）。

㉓遊戲規則的建立，除了參與者的初次協定之外，還必須不斷地重覆運作，以競賽理論（game theory）的角度來看，參與者從彼此陌生且對立的情境走向互信的過程，就是一種規則選擇的過程，使彼此都能獲得次佳（sub-optimal）狀態。廠商與消費者行爲也是一樣，他們不僅是各自預定了一項價格，同時也在自願協定過程中獲得彼此都同意的價格，當然，協定的價格必然與原初的預定價格要來得次佳。在政治領域中，一項規則「若重覆運作，形成彼此均熟悉其規則的一場超然賽局（super-game），那麼，參與者的策略運用愈

趨同質，更有可能達成合作，則制度協定即可建立」（Mueller, 1991: 208-9）；在經濟場合中亦如是，「完善的市場以及競爭的均衡狀態並非自行存在的，而是透過交易過程經年累月地重覆進行所顯現的」（Bianchi, 1993:233）。

㉔謹守個人主義立場的當代政治哲學家R. Nozick即認爲：「並沒有一種良善的社會實體因自身是良善的而具有其神聖性，只有個別的人，不同的個人，才具有他們自身的個別生活。經由（個人）自我經營而使他人獲利，除此之外，沒有別的了」（1974: 32-3）。

㉕任何政治理論均必然要觸及到對良善社會的關懷，即使是從現實主義（realism）、乃至實證角度所提出的實然觀點，亦不免要進行「判斷」。Schumpeter便認爲：一旦資本主義商業階級趨於官僚化、經濟活動趨於理性化、產業規模趨於集中化、社會價值圖像愈趨隱晦，使國家角色介入市場而邁向社會主義時代時，民主政治的持續運作得加上如下的應然條件，即政治的人力資源的素質要高、決策的有效級距不能太大，能夠掌握具有優良訓練與傳統的官僚體制，以及所有個人或團體不僅要守法有序，更要自制（Schumpeter, 1976: 290-6,423-4; Bottomore, 1985:76）。同樣地，Downs亦有感而發：二次戰後政治學界普遍都忽視了倫理課題，包括社會價值如何影響公民性格，以及這類價值創造了最可欲的社會條件，如果缺乏這些價值，大部分的民主政治一開始就無法建立；民主若要能持續維繫一段時間而形成真正的民主，除非公民的政治信念與行爲受到這些價值所規範，最根本的社會價值是：個人是神聖不可侵犯的，以及彼此相互合作的責任（Downs, 1991: 145-6, 155-8）。

㉖「存有的個人主義在倫理上與政治上提供了一項重要基礎，即：個人第一，社會次之，個人比社會及制度更爲〝眞實〞。1940年代以

降，經由K. Popper、F. Hayek等人的提倡，方法學的個體主義遂成
爲個人主義式自由主義的理論基礎，……把經濟力量置於私人手
中，便是個人自由的安全辦，以限制國家權力的擴張」（Arblaster,
1984: 38-9, 84-5）。這項轉折，使個人主義的關懷焦點移向財產權
所完整表現的自主性市場經濟型態，並且以經濟自由當成政治自由
的前提。

㉗「經濟學個體主義式行爲假設的最終防線必須是經驗的……，基本
上，對該假設的實在論的唯一測定是建立在計算的可適用性之上
……，我們曉得人類行爲的一項詮釋認爲，人事實上是尋求個人效
用的極大化，在他們參與到政治決定以及個人效用函數發生差異時
……，只要個人活動在集體選擇形成的某部分事實上，乃是由效用
極大化所驅策，並且，一旦個人對團體的認同尚未擴及到造成所有
個人效用函數均一致時，那麼，經濟學個體主義的政治活動模式便
具有某種積極價值」（Buchanan & Tullock, 1962: 28-30）。

㉘「資本主義」是一項意義很含糊的概念，通常都當成特定的歷史構
成體、自由企業體系下的市場社會來理解，根據法國年鑑史學派大
師F. Braudel的瞭解，「資本主義」一詞應是W. Sombart在1902年
出版的鉅著《現代資本主義》（Der Moderne Capitalismus）率先
提出，馬克思並沒有提到「資本主義」，若要確切掌握這項概念的
意涵，必須同時把「資本」與「資本家」這兩個概念一併考量（
Braudel, 1977:46-7）。「資本」首見於1727年英國議會百科全書（
記載著：巴力門授權南海公司增資）；「資本家」則首見於1792
年A. Young於《法國旅遊》期刊（指：經營錢莊的人，或資本家
），19世紀後才將「資本家」的活動視爲歷史發展的特定階段下的
特定功能，也就是資本主義的具體活動（Williams, 1976: 42-3）。

　　Heilbroner認爲資本主義具有獨特的累積性質，「先前的累積在於使用價值（即消費），資本主義所指涉的財富價值則是依據交換價值，並當成一般價值觀，因此，財富被視同商品……，爲銷售而生產的物，而不是所有者獨自享受……，依流通所完成的財富累積（M-C-M′）是資本主義歷史發展的主要決定因素」（Heilbroner, 1987: 347），同時，資本主義也表現出兩個面向：「(1)動機——效用極大化——改善生活條件。……就此觀點而言，資本主義不僅是一種經濟體系（利益互換），也是一個龐大的文化場合（爲無意識的目的而追求財富）；(2)M-C-M′流通的集中化。資本累積過程結合了所環繞的社會活動並加以規範，私有財產在這項生產工具的意義上便是有權從社會的使用過程中享有其財產……，除非可獲取到額外的私有資源或財富，否則，一般人很難確保他的生活，資本主義的處境就是如此」（ibid.,: 348）。

㉙個人主義具有許多前提，首先是個人的先在性與目的性，同時，單一個人具有自行發展的動力，這項動力就是個人的自律，在不爲外在關係所限制的狀態下，個人具有完整的私密範圍，這些前提使個人主義同時具有認識論與倫理學的意涵，至於方法學的個體主義，則是嘗試將這種可理解的、抽象的個人主義轉化成具體的、且可證實的個人主義，也就是從個人的經濟行爲出發，建構出行爲模式的形式關係以及價值體系（即自由主義）。這當中的內在關係，可簡化如下頁圖：

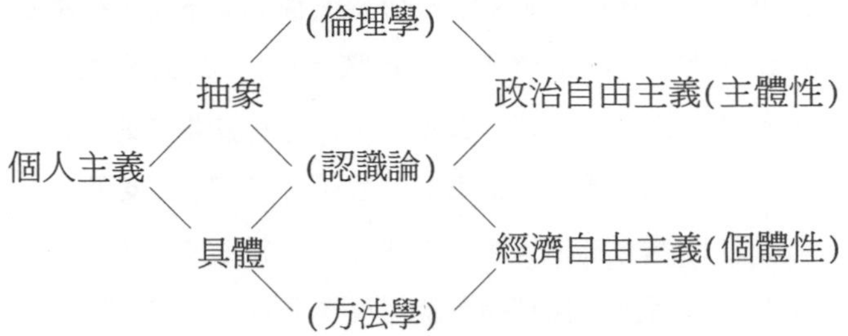

㉚早期的個人主義並不等同於物質極大化者或獲取者，而是具有高尚的天性，並依此推論出某些個人權利的主張（Macpherson, 1987: 6-7）。以蘇格蘭啓蒙運動的個人主義先驅J.Millar而言，他和Hume、smith都認爲商業社會的來臨必然會動搖政治領域，假定市場經濟必須建立在穩定的政治結構之上，那麼市場交換的契約關係所表現的〝自主性〞便是政治自由的要求前提；社會關係一旦從身份地位走向契約，商業經濟中的任何人便是在個人利益的基礎上更爲自由地決定政治決策，而不是依賴權威。Millar更進一步認爲，經濟領域的〝自主性〞衍生一種新習性，〝效用〞將會取代〝權威〞而成爲政治事務的決定基礎（Ignatieff, 1983: 324）。

㉛依照T. Marchall著名的區分，公民權的發展歷程概略有三個階段：⑴爭取個人自由權（18世紀），包括人身自由，言論、思想、信仰的自由，以及私產權等；⑵爭取政治權利（19世紀），包括參與權及代表權；⑶社會權利（20世紀），包括基本生活的福祉與安全。現代資本主義的階級鬥爭（對舊體制鬥爭，以及資產階級與無產階級的鬥爭）在這三個階段形成一種制度化抗爭，公民權爭取與資本主義發展之間一直是存在著火藥味濃厚的制度化對抗關係。M. Mann認爲，最早實現公民權的英美兩國，是在個人主義式自由主義

的聲浪下，先經過新興資產階級的公民權抗爭階段，再將階級關係
轉化成個人式或利益團體式的互動關係，勞工的政治要求或者是被
利益團體所吸納（如美國，工會本身亦是利益團體的一環），或是
在勞工階級與利益團體之間取得協調（如英國，工黨及工運交雜著
部分的利益團體、工運人士以及漸進改革派）（參見Mann, 1988:
188-95），可以說，公民權的發展主要還是受制於經濟利益的分配。

㉜F. Bealey提到，「功效主義者認爲（尤其是J. Bentham），市場資
本主義與民主政治的關係最密切，〝社群〞只是一項虛構體，由諸
多的個人所組成，〝社群利益〞是這些個人利益的總和。……政治
關係在個別統治者與個別屬民之間發生，這是買賣雙方的市場關係
的一項類比……，從全然抽象、自行封閉的決策過程來看，市場資
本主義與民主政治具有某種共同的體系形象，兩者都是以個人主義
爲基礎……在市場資本主義的理想模式與民主的理想模式之間並
行不悖，在市場實際運作方式與民主政治體系的實際運作之間亦並
行不悖。功效主義者透過享樂主義式的計算考量，有意無意地在這
兩項觀念體系之間建立了理論橋樑，即使當時的資本主義仍處在早
期階段，同時，民主政治亦有待發展。」（Bealey, 1993: 209-12）。

㉝舉個例子來說吧！最足以體現出古典個人主義的主體價值的，就是
那位高貴的Robinson Crusoe，在他獨居荒島28年期間，念念不忘謹
守安息日的教規，適度地取用自然資源，並且致力敎化黑人星期五
（令他心悅誠服地背鄉棄父）。這則家喻戶曉的虛擬故事，再再表
現出自律、節制、文明的可貴，恰當地將J. Locke心中的理想人性
條件具體勾畫出來（純潔的野蠻人與高貴的文明人）。Crusoe當然
可以持續巴西蔗園的經營，終其一生安享「仁慈的主人與快樂的奴
隸」之間的樂趣，也可以攜其萬貫家產回英國晉身名流、乃至從

政。假定Crusoe晚生250年，那麼，他必須到市場買日常用品，用他飼養的羊來換取其他欲望所需，同時，狩獵的樂趣必須經由國家許可，圈籬自處也可能是一種「非法」佔用……，較令Crusoe無法忍受的，大概是他將面對與星期五一視同仁的窘境，商店主人不會因爲Crusoe看似高貴而多給他一點折扣，甚至可能會將出手大方的星期五奉爲上賓，投票的時候，照樣是排隊、驗明正身、等值……，私宰的刑責也一體適用。在市場體系與國家機器交雜規範著私人日常生活的當代處境中，「法定」的貨幣與制度行爲乃是Crusoe與星期五安身立命、體現主體的必要媒介。

●第三章●

政治商品化的底層基礎

　　當代的魯濱遜與星期五之所以「必須」通過貨幣體系與
制度規範來實現其行為目的，即在於市場規模與國家機器互
動過程所形成的資本主義社會體系化的處境影響。資本主義
自身的發展歷程是由兩項邏輯所構成的：(1)商品邏輯（C-
M-C′）使物質交換過程持續擴大成一項自行運作的機制，即
市場機能；(2)資本邏輯（M-C-M′）使物質生產過程持續深
化成一項自行運作的程序，即資本累積。這種一體兩面的結
構關係（即C-M-C′-M′）便是資本主義邁向體系化發展的動
力。國家機器在這段歷程當中所產生的作用，如前章所述，
是通過租稅體系取得與市場的共生關係：完整的租稅體系必
須建立在社會物質生產的持續增長，也就是有效的資本累積
過程上，租稅體系愈完整，即表示物質生產過程愈順利、市
場交換過程愈流暢，市場規模也愈大，相對地，亦代表著國
家機器的權力結構與資源控制愈嚴密，因此，國家機器的首
要存在理由便是維繫社會物質的生產條件。那麼，資本主義
社會的所謂「自主」發展，就不僅意味著資本主義自身內在
邏輯之結構關係的驅動所致（形成自為的生產體系與交換體
系），也代表著國家機器對市場機能的權力行使所形成的政
經體系，使個人的處境如同深陷在嚴密的結構網路當中，被
等量齊觀。這種形式化的社會形態，即是商品政治的社會處
境。

第一節　商品邏輯與商品化

　　前一章提到，個體主義的公益觀念是以分工體系的內在均衡為前提，分工所呈現的形式關係是：生產者之為生產者，在於所生產的C產品必須符合消費者對該產品的消費需求。就生產者X與消費者Y而言，當X生產的C產品與Y所需消費的C′消費品之間只存在著數量上的差異時，則交換行為當中的數量便構成「X是Y的生產者，Y是X的消費者」，交換數量與實際的生產及消費的數量之間的差異，則是由X′的生產或Y′的消費加以填補。因此，就產品的數量條件而言，生產與消費之間的均衡狀態是由交換行為當中的數量差異所決定，在供需均衡（C＝C′）的情形下，X是Y的生產者，Y是X的消費者；在供需失衡（C≠C′）的情形下，X是Y的生產者之一，Y是X及其他提供該項差額的消費者。那麼，C產品便具有如下的意涵：

　　⑴C產品必須進入交換過程，亦即轉變成有價的商品，方能產生交換作用，達到產品生產的目的。

　　⑵生產的目的即在於商品價格的實現，在交換過程中使X實現其生產者角色，使Y實現其消費者角色。

　　⑶生產者X與消費者Y的該項關係角色，是由商品C的供需條件所限定，Y可以是X的消費者之一，X可以是Y的生產者之一。這種非特定對象的關係角色，也就是Y′可以取代Y，

X′可以取代X在交換過程的作用，是依照商品C的交換結果來認定。

　　因此，當某項商品在進行交換的同時，不僅是在完成產品生產的目的，亦確認了交換者在社會分工過程的關係角色，也就是從個人所生產的物的關係來確認人際關係。這項由物所構成的媒介關係，首先是將人際互動，亦即個人主體性的彰顯所表現的言說與行動的關係，透過雙方認可的、具一般效力的規格化媒介作用來完成：由交換結果來決定交換行為，由商品價格來決定生產與消費的能力，即價格決定了價值。其次，商品價格既然是由供需條件所決定，那麼，商品之間的替代不僅表現出生產者競爭以及消費者競爭的互動關係，也同時表現出商品替代在經濟領域當中的一項結構關係，即價格體系：價格不僅決定了經濟行為的結果，亦且決定了經濟行為本身，即行為的價格化。這兩層媒介關係，便是行為結果的物化以及物化的行為本身，說明了生產者之為生產者（以及消費者之為消費者），不僅在於生產物（以及消費物）必須是有價的商品，同時，生產行為本身（以及消費行為本身）也必須是合乎價格化的行為，方能在交換過程中實現其行為目的。

　　從這項觀點來看，經濟活動領域所包含的三個關係要素（生產與消費行為、交換過程、價格體系），便具有如下的辯證性質：(1)生產與消費行為必須合乎價格體系的規範，亦即行為本身及其結果的價格化；(2)交換過程必須合乎生產與消費行為的價格化標準，亦即成本與效用的經濟化；(3)價格

體系必須合乎交換過程的經濟化，亦即價格體系本身的最適原則。依商品的社會意義而言，生產與消費行為所表現的正是經濟人的行為，交換過程所表現的正是社會互動關係的經濟化，價格體系所表現的是互動關係結構的市場化①。一旦這三個關係要素發展成一定的關係結構，即貨幣價值的規格化與普遍化，則這種經濟活動領域便是商品經濟型態；一旦非經濟領域的活動方式表現出一定的商品意義，便是所謂的商品化過程；一旦政治領域的活動方式表現出一定的商品意義，便是所謂的政治商品化過程。因此，商品化的意涵顯示了商品經濟型態的擴張，從物的交換達到物化的互動關係，從經濟活動的價格關係達到非經濟活動的價格化。至於該項價格化的意義，則是表現在前述經濟活動領域之關係結構的移植：非經濟領域的經濟人的行為、經濟化的互動方式，以及市場化關係型態。這項移植作用的原因，事實上已內含在商品經濟型態之關係結構的發展過程中：

(1)前述生產與消費行為「必須」合乎價格體系的規範，在於價值體系是生產者與消費者在採取生產與消費行為時的判準。一方面提供了對某項產品的需求（及欲望）動機上的主觀判準，一方面也提供了實現某項產品之行動上的客觀判準，亦即「X生產C產品」的該項行為包含了「X認為C產品值得生產」的獲利動機，以及「C產品在價格體系當中是可獲利的產品」的價格化依據，同理，「Y購買C產品」的該項行為亦包含了「Y認為C產品值得購買」的消費動機，以及「C產品在價格體系當中是較便宜的產品」的價格化依據，尤

其在C產品是一種可高度替代的欲望滿足對象、而不是生活必需品時，價格體系對於生產與消費行為的規範作用則更為顯著。

(2)其次，將C產品放在商品循環的過程來考察，對於產品C的生產與消費行為的發生，必須建立在其他產品的生產與消費行為之上，X必須購買D產品來當成C產品的生產材料，Y必須以生產產品的所得（或利潤）來當成C產品的消費支付，因此，就C產品的生產與消費行為而言，X在商品流通的交換過程中，一方面同時扮演了生產者與消費者的角色（Y亦然），使X具備了主觀的經濟化意識，一方面也面對著其他生產者與消費者對同項產品的競爭，使X具備了實現該經濟化意識的行動場合。那麼，所有的生產與消費者在交換過程中所表現的，便是一種由商品流通所維繫的經濟化互動關係，X必須讓Y「意識到」產品C的重要性，方能實現Y對C的消費，也就是達到X生產C的目的；同樣地，產品D也對X進行著相同的作用。這種關於產品在交換過程中所產生的意識作用，即商品行銷，便是構成生產與消費行為在價格體系下之主觀判準的基礎，無論是將新產品帶入交換過程，或是刺激舊產品的供需，商品行銷均進一步維繫了交換過程所表現的經濟化互動關係。

(3)再者，隨著該項功能的彰顯（即塑造經濟行為、加速商品消費），商品行銷本身也成為商品的一環，也就是商品宣傳機制的崛起。這項中介機制，正如同新產品一般，為了減低投資風險，宣傳機制本身必須進行自我宣傳，亦即透過

商品行銷的績效來獲利，這種以商品包裝來進行自我宣傳的方式，一方面將商品價值引進非經濟領域（例如：「健康食品」→「人體美＋健康食品」→「有價格的人體美」→「寫真集」），同時，也開擴了宣傳機制本身的市場需求（例如：「高貴不貴的美容」）②。可以說，宣傳機制對於交換過程而言，在加速該宣傳商品C的供需流通之際，也帶起了其他宣傳機制對於商品D、E的同樣功能，不但改變了原商品競爭的價格體系，亦創造了宣傳機制本身的價格體系；對於經濟活動領域而言，就是創造了非物質需求的市場空間，讓許多非經濟活動的課題成為經濟活動的對象，或者，更直接地說，是經濟領域向非經濟領域進軍的中介體。

　　總言之，生產的目的在於消費，產品必須成為商品，方能轉化成非特定對象的消費，也就是進入交換過程、由價格體系來決定買主；消費的目的在於滿足需求與欲望，消費物必須是有價的商品，方能獲得非特定對象的供給，也就是進入交換過程、由價格體系來決定賣方。對於生產者與消費者而言，進入市場的交換過程，由價格體系來決定他們的生產與消費行為，乃是商品得以自行競爭、需求（及欲望）得以分別滿足的便捷之路。需求（及欲望）動機是生產與消費行為的主觀基礎，要實現這項動機則必須進入交換過程，以商品交換的方式來完成生產與消費行為，由於商品必須在價格體系之下進行交換，因此，商品成為需求（及欲望）動機的外在實現對象（即外顯化對象，objectified object），商品價格則是生產與消費行為的客觀基礎。

　　從經濟哲學的角度來看，需求（及欲望）動機必須透過
交換過程當中的客觀的、一般性的商品價格，方能實現其主
觀的、個別的使用價值，也就是使用價值外化成商品價格，
商品價格（即等價的貨幣交換）實現了貨幣價值。原因即在
於：(1)商品流通代表著市場機能當中的一項循環結構（即
C-M-C'），商品成為商品生產的工具③，市場型態便是透過
商品的「自行營造」（autopoietics）④而趨於完整；然
則，(2)商品流通本身並非是自外於生產與消費行為者的一項
客觀結構，生產與消費者必然地、且有意地在商品流通的這
項循環結構當中，實現其生產與消費行為，也就是生產與消
費行為不僅受制於客體化的商品流通，同時，也意識到、且
助長了商品的加速流通，這便是商品行銷的作用，除了在商
品的供需調節過程發生作用之外，並塑造了商品的意識空
間，使商品價格進一步內化成使用價值，這一層次的使用價
值與先前需求（及欲望）動機所要滿足的對於物之使用價值
的根本差異在於：後者是人類生活對於物質的滿足動機所產
生的使用上的價值，前者則是商品更替過程中，由商品消費
所自行衍生的價值，取代了先前對於物質的動機內容⑤，由
使用價值外化成交換價值，再將此交換價值進一步轉化成使
用價值，這種商品宣傳的作用便是商品美學的作用⑥；因
此，(3)商品行銷的最終目的並非在宣傳商品價格，而是商品
價值，目的在加速商品消費，也就是塑造了生產與消費行為
的意識作用，使行為者主動地進入商品交換過程，以商品價
值來合理化其生產與消費行為，亦即合乎經濟行為的經濟人

觀念，這項意識作用在生產與消費行為以及客體化的商品流
通之間，架起了具辯證意義的互援關係，進一步深化商品流
通的循環結構，市場型態便是透過商品行銷的意識作用，而
愈形擴張。

　　因此，當商品行銷成為商品的一環時，先前屬於經濟活
動領域的關係要素（即生產與消費行為、交換過程、價格體
系）便形成一項自行發展的關係結構，隨著商品行銷對於商
品價值的塑造作用，使任何一項商品交換行為、甚至類比為
商品交換的社會行為，都產生了一定的意識作用，可以說，
商品化的意義在於使社會行為者意識到主觀意義下的經濟人
觀念，使行為互動表現出客觀意義下的經濟化過程，使互動
關係呈現為有體系的市場化結構。如圖3-1：

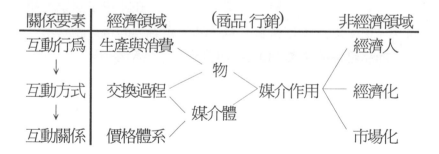

（圖3-1：商品化的邏輯）

第二節　資本邏輯與商品社會

　　從商品邏輯（C-M-C′）的角度來看，對商品的勞動力是以工資（或薪資）方式售出，來獲取勞動再生產所需要的商品，也就是說，無論是以勞心或勞力方式來從事雇傭勞動、或者勞動生產的動機在於維持生活必需或額外滿足，其勞動價格均是以商品生產的定量貨幣價值（工資或薪資）來表現，同時，該定量的勞動價值也構成對商品消費以及另一項商品之生產勞動的基礎，對受雇者而言，其勞動價值是工資（或薪資），亦即定量的貨幣價值；相反地，從資本邏輯（M-C-M′）的角度來看，資本家持有的貨幣是商品生產的資本，工資（或薪資）給付是資本的一環，在非特定對象的雇傭關係中，工資（或薪資）是商品生產過程的可變動資本，即「商品是商品生產的工具」意義下的商品之一。

　　那麼，工資（或薪資）給付與生產剩餘（即利潤）之間便存在著一項矛盾關係，在一定的獲利率之下，定量的工資（或薪資）給付的變動會改變生產剩餘、並直接影響到另一項商品生產的資本總量，或者，簡單地說，是工資（或薪資）給付與資本累積之間的矛盾關係，從這裡，資本生產與工資勞動所構成的生產關係便呈現出一項非經濟意義的社會關係，即利潤與工資相對立所反映的階級對立。因此，資本不僅是一種物，無論是以交換意義下的商品形式、或是累積意

義下的貨幣形式來呈現，資本更是一種社會關係、一種潛態的階級關係，資本累積的社會意義便是將潛態的階級關係客體化，資本家與受雇者的關係具體表現在利潤與工資（或薪資）的對立關係上（即「在己階級」class-in-itself），階級意識（即「爲己階級」class-for-itself）的意涵便在於意識到這種對立關係，進一步衍生階級鬥爭或階級妥協的實踐意義。可以說，資本累積的社會意涵乃是由客體化的階級關係、意識化的階級對立，以及階級對立的實踐與轉化，這三個環節所構成，成爲資本主義民主政治發展過程的一項重要動力⑦。

這項客體化的階級關係是資本累積過程所自行衍生的社會關係，或稱之爲資本邏輯的社會關係，表現在生產利潤的分配過程當中。在非特定對象的雇傭關係下，也就是工資（或薪資）勞動以商品形式進入市場的交換過程，則工資（或薪資）給付愈高，愈容易獲取勞動力，相對地，可轉化爲資本累積的生產剩餘愈少。從資本累積的發展過程來看，對於定量生產剩餘的維持，是通過三個環節來解決：

(1)勞動市場的壟斷。壟斷的形成並非來自資本家們的先前共識，而是發生在資本累積過程中、利潤的消長所致：在勞動市場供給充裕的情形下，若A廠商所給付的工資（或薪資）比B廠商低，則A的生產剩餘較高、資本積聚愈大，投入在第二次商品生產的資本也愈大，在一定的獲利率之下，A比B更能達到資本積聚的效果，一旦A的資本積聚大到足以降低獲利率、且仍然有剩餘時，A的廉價傾銷足以令B（或C、

D……）廠商無法生存、或由A加以購併，A在該項商品生產
過程便形成壟斷，依附於該商品生產的勞動力及其勞動價值
也由A所左右。同理，A1,A2,……廠商亦比照辦理，則該商品
市場與勞動市場由A,A1,A2,……等廠商所寡佔。因此，從競
爭市場走向寡佔市場的原因在於資本積聚與資本集中這兩個
階段，前者反映在降低勞動成本，後者反映在廉價傾銷。當
市場佔有率達到一定程度（即獲利率下降到不足以反映預期
利潤時），產業資本當中的一部分可轉移資本（即金融資本
）便移向新市場進行轉投資，重覆著資本積聚與集中的歷
程，形成國內市場的企業集團以及國際市場的跨國公司。從
資本邏輯的角度來看，資本主義從競爭、壟斷、乃至全球化
型態的發展歷程，是以資本積聚、集中、迄至金融資本的形
成過程所表現。

(2)金融資本的霸權。金融資本並非全然出自資本家的口
袋，而是包含著生產剩餘的轉投資，以及消費剩餘的儲存，
並自生為一項商品體系⑧：資本家的產業投資是以公司的合
股持份來進行資金融通、利潤分配，負責該項資本流通的媒
介體是以商業銀行為主的各種金融單位，首先，資本家在進
行產業投資的同時，也創造更多就業機會、提高了受雇者所
得（這些勞動成本的給付，乃是隨著生產剩餘的增加而相對
增加），消費剩餘便以游離資本（或閒置資本）的形態進入
銀行、股市交易所、保險公司等金融媒介體，成為轉投資基
金進行再生產，一部分成為產業資本的上述循環要素，一部
分則以孳息方式成為金融商品。因此，貨幣價值事實上是集

中在金融單位，代之以信用流通，這些金融單位對於高度集中的產業資本抱持著共同的利益傾向，以債信擔保方式彼此結合成一致化的金融體系，並且透過融通方式來決定產業資本的走向⑨。可以說，市場投資是以巨額資本的形態在進行利潤極大化⑩，受雇者的大部分消費剩餘也隨著金融體系的媒介作用而轉移到資本家手中⑪。

　　(3)階級意識的淡化。階級關係的意識化必須放在商品結構與集體行動的關係上來理解，形成兩種不同層次的對立關係，即：相對剝削的意識與經濟危機的意識。資本家與受雇者在前述兩個環節（市場壟斷與金融霸權）所面臨的處境，乃是從資本累積的對立關係走向資本結構化，亦即從勞動商品走向資本商品。在第一個環節上，受雇者的處境是資本家的相對剝削，資本家獨佔大部分的生產剩餘，受雇者只能在投資過程當中享有就業機會及其勞動所得，因此，受雇者的集體意識是針對著個別資本家的剝削問題，集體行動（工會）的對象是個別產業，其目標也是生產利潤的合理分配；相對地，資本家的回應方式不外乎採取階級妥協（與工會進行遊說、談判），或是階級壓迫（引進廉價的外來勞動力）。大部分仍留在原產業的勞動力，在資本累積過程所保留的消費剩餘被吸納至金融體系之後，階級的對立關係被結構化成為勞資共同體，第二個環節的受雇者處境即在於產業蕭條、金融體系萎縮等危機風險，受雇者的集體意識是針對著工資政策、產業結構、金融秩序等重大經濟議題，工會聯盟與企業聯盟同處於商品體系之下進行對等協商，以外在政治力量

補救體系缺失（如凱因斯的財政政策）⑫，或是調整體系本身（如民主統合主義）⑬。因此，資本累積過程所客體化的階級對立關係，經過金融體系化階段，成為資本主義體系的一環，以對等協商的關係對資本主義體系進行調節作用。

總言之，在原先的勞動生產中，產業資本必須投入在生產過程的再生產行列，才能維繫產業資本的累積，受雇者也必須在生產過程中獲取勞動價值，才能滿足需求（或欲望）動機；生產剩餘與消費剩餘一旦轉化為金融資本，非勞動生產便依附在勞動生產過程，隨著金融體系的擴張而成為自生的環節，以融資方式進行商品流通，這項轉變，使資本家與受雇者面臨了一項理性且自利的選擇：資本家在產業資本的生產利潤與金融資本的分紅利潤之間作選擇，受雇者在勞動生產的給付所得與閒置剩餘的孳息所得之間作選擇。資本主義進入福特式巨資量產階段⑭之後，金融資本取得了市場投資的霸權地位，分紅與孳息的利得顯然比產業勞動生產的利得更具吸引力，非勞動生產遂取代了勞動生產的價值地位，金融單位也成為新興的社會行業：人身價值的意義變成保險公司的有價商品，不動產的使用意義變成仲介公司的保值商品。非勞動生產所衍生的社會價值，正是金融單位得以持續營運的基礎所在，因此，金融資本一旦成為自主的商品，不僅是將資本累積所呈現的階級對立關係，吸納成為資本主義再生產的一環，同時，負責金融資本之商品流通的金融單位，也開啟了非勞動生產的社會價值，為商品社會的興起發揮了意識啟蒙的作用。可以說，以金融資本為主體的商品流通，

乃是商品化過程的實現基礎，金融資本的流向也決定了商品化的方向，其間的關係，可簡化如圖3-2：

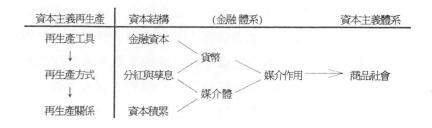

(圖3-2：商品化的現實基礎)

　　商品行銷的目的在於促銷商品、加速商品流通，金融資本移轉的目的在於市場投資、加速資本累積，這兩項媒介除了在經濟意義上具有生產式商品性質與資本式商品性質的結構化作用之外，執行該項作用的宣傳機制與金融單位本身亦成為中介商品，它們的生存條件是依恃在生產式商品與資本式商品所處的社會空間，在加速商品流通的同時，也將商品價值移植在社會空間，形成意識化的商品社會。因此，以商品行銷與金融資本轉移為代表的媒介作用，對於資本主義而言，是在將經濟活動領域的商品性質轉化成商品力量，透過對商品意識的塑造，進一步維繫了資本主義社會體系。這股力量事實上是源自於商品經濟的結構化過程：商品行銷衍生自商品流通的邏輯，金融資本衍生自資本累積的過程，前者為商品化作用尋求合理基礎，後者為商品化作用提供現實依

據，這兩種作用在於使內含在生產式商品與資本式商品的流通過程中的社會意義加以意識化，成為新的社會價值、一種非階級化的新意識，宣傳機制代表了商品意識的啓蒙，金融單位則代表了商品意識的實現。因此，個人主義在政經關係體系中的意涵，被意識化爲個體式的生產與消費關係，被實現爲等價商品，在政治市場當中進行交換。資本主義民主政治的晚近發展，其形式關係便是立基於個體式個人主義，其處境關係便是立基於生產式商品的流通，其社會條件便是立基於金融資本的積聚，簡單地說，就是以個體式個人主義爲基礎、以商品流通爲內容、以金融資本積聚爲背景的政治型態。這種政治型態之所以稱爲商品政治，即在於它的思維架構、理論內容以及存在條件均衍生自商品經濟型態之關係結構的意識作用，也就是商品化的影響。

那麼，物質處境的豐裕、階級關係的轉化，以及價值體系的塑造等等，這些有助於加速資本持續累積的各項相關條件，又如何形成並且被維繫著呢？國家機器與資本主義的發展關係即在這些環節當中扣合起來。從歷史社會學的角度來看，國家正是資本累積過程的關鍵機器，也是資本主義體系化的層級樞紐：從資本累積所表現的特定生產關係來看，國家機器不僅吸納了階級對立過程的經濟與政治勢力，從而調整了國家權力的行使面向，同樣地，國家權力亦進一步限定了階級對立的內容與方式，這種雙向的矛盾關係，正好說明了資本主義民主政治的動態歷程，由累積性與正當性的矛盾表現出來。因此，資本主義的商品化發展，必然得正視國家

機器的再生產作用，資本主義既非自行發展的完整體系，國
家機器也不是自主發展的政治實體⑮，資本主義與國家機器
的互動關係不僅成就了當前世界資本主義的圖像，同時，社
會階級與國家機器的互動關係亦構成了該項體系之下的政治
型態。

第三節　國家機器與資本累積

　　現代國家的發展，主要是建立在軍事擴張與資本累積的
互動關係上⑯。軍事擴張必須以大量的物資供應以及勞力動
員爲基礎，相對地，擴張的目的也必然回應以獲取更大的物
質來源、以及對所動員的勞動人民的安全保護，就國家機器
而言，每一次成功的軍事擴張，均代表了組織體系本身的益
趨嚴密以及社會控制的延伸，亦即，透過對物資與勞力的動
員過程，國家官僚進一步取得更大的自主權。這項自主權改
變了封建地主與國王之間的稅收與武力的矛盾關係（國王必
須讓授一部分征稅特權以換取相對的武力效忠），使一般行
政機器（稅制與稅官）與鎮壓機器（法庭與禁衛軍）獲得初
步的結合與擴張⑰；就社會階級關係而言，依照土地生產之
剩餘分配的租稅關係所區分的地主與農民階級，與國家機器
的關係具有雙重的矛盾性，一旦農民的稅後所得不足以反映
其實際的勞動生產，則租稅關係所代表的保護（稅）關係亦
隨之鬆動，農民對國家機器所要求的政治庇護也益趨顯著，

相對於此，地主的苛租重稅所取得的大部分生產剩餘正好供
應了國家機器日常運作的稅收來源，在這項意義上，國家機
器的自身利益是建立在與地主聯合（透過稅收與出售官職）
間接榨取農民的剩餘分配的關係上，然則，農民的庇護要求
亦有助於國家機器的穩定性，成爲政權正當性與權力集中化
過程的重要支柱。簡單地說，地主與農民之間存在著剩餘分
配的矛盾關係，地主與國家機器之間存在著稅收依賴與權力
自主的矛盾關係，農民與國家機器之間存在著稅源擴大與政
治效忠的矛盾關係，亦即，國家機器所面對的經濟與政治的
雙重關係在於對資本累積與政治正當化之依賴的矛盾性，乃
是導因於地主與農民相互競逐剩餘分配的矛盾關係，那麼，
國家機器的雙重矛盾處境必然得從階級關係的矛盾性當中來
化解，也就是透過國家權力的行使來達到地主與農民之階級
利益的穩定分配[18]。

　　在資本主義初期的農產貿易社會，定量的土地資源只能
維繫定量的生產，軍事擴張的意義即在於奪取更多的土地資
源，一方面提高階級利益分配的總量，一方面也強化了國家
機器體系與國家權力，繼之而來的，愈完整的國家機器愈容
易推動軍事擴張，並取得經濟與政治雙重矛盾關係的穩定
性，可以說，現代國家的初期發展就已經有效地掌握了軍事
擴張、經濟資源以及政治正當化之間的互存關係[19]。這項關係
所隱含的一項發展動因，在於一般行政機器的技術化管理與
鎮壓機器的科技化研究，透過效率管理與軍火生產，國家機
器得以發展出以城市爲中心的現代化與工業化的生產圈[20]，

同時也帶動了農業生產技術，定量的土地資源經由產能提高所增加的剩餘產量，成爲城市消費的來源㉑，因此，在城市與農村之間形成了「工業成品─農業原料」的交換循環，工業資本家與農業資本家（地主）便在以商人爲媒介的交換循環當中產生，並發展出固定型態的市場規模以及產業資本的累積，國家機器的自身利益遂從農業的剩餘分配關係轉移至城鄉之間的市場交易關係（市場交易愈頻繁，愈能夠汲取更多稅收），國家角色的重心亦轉移至維持穩定的市場規模㉒，國家機器當中的生產機器遂發展成爲社會物質生產的主導機制。

　　工業化不但改變了國家機器從資源奪取轉移至有效管理的角色，同時，也改變了社會階級從地主與農民轉移至資本家與工人之間的關係，這項改變所呈現的意義，在於國家的生產機器直接介入市場運作過程，無論是消極地維持市場機能、或積極地調整市場失靈，國家機器對於資本累積的依賴程度漸次超過軍事掠奪，軍事擴張的目的遂依附在對市場秩序的維護與市場規模的擴張功能上㉓。這兩項功能使國家機器與資本主義市場經濟結合成一種新而完整的重商主義，透過對資本家的獎勵投資來調整國內的產業結構以及海外市場的開發，在產業結構調整過程中，維護經濟秩序與資助特定產業的目的在於積聚更多資本來從事海外投資，以獲取豐富的生產原料與廉價勞力，這使得城鄉之間的交換循環擴延至以宗主國爲核心、以海外殖民地爲邊陲的商品圈㉔。這種跨國界的交換體系除了導致國內非技術勞工與非正式勞工（女

工、童工）的工資水平受到抑制之外，國際市場的爭奪也深化了核心國家之間、以及宗主國與殖民地之間的利益競爭與對抗，因此，由宣傳機器所塑造的「國家利益」逐成爲處理國內階級對立與國際衝突的合理化意識，以生產機器所主導的殖民戰爭以及與鎮壓機器共同主導的國際衝突（例如兩次大戰），均有賴於宣傳機器所發揮的作用，國家機器至此獲得了完整發展。

　　一旦國際市場區隔定型化之後，軍事擴張對資本累積的依附程度更爲顯著，由科技生產所主導的軍產複合體（MIC）㉕成爲霸權國家政治競爭以及對所屬附庸國之防衛體系下的另一種商品圈，使原先的國際化經濟分工進一步深化成爲國際政經的主從體系，無論是就東西集團的冷戰對峙、或南北關係的產業分工而言，先進工業國家必然同時透過生產機器、鎮壓機器以及宣傳機器的運作對所屬體系成員進行經濟交易與政治操控。簡言之，由軍事擴張與資本累積的互動關係所促成的現代國家機器，其形成過程可粗略區分爲三個演變階段：第一階段是以「行政—鎮壓」機器爲主軸，建立權力集中的官僚體系，以確保例行性的稅收及在農產剩餘（與分配）不足時掠奪新的土地資源，這是以城市爲中心的初期民族國家與國民市場的階段，也是商業資本主義的發展階段㉖；第二階段是以國民市場爲生產核心所發展成的境外貿易，國家機器的利益同時表現在以維護市場交易與擴展境外貿易所獲取的巨額交易稅和特許費，境外貿易使生產機器成爲國家利益的重要來源，這是由「行政—鎮壓—生產」機器

相結合的重商主義階段，也是工業資本主義的發展階段；第三階段則是在競奪海外市場所衍生的經濟與政治衝突的國際處境下、所引發的「國家利益」的對抗，宣傳機器的作用便是對內將國家機器的利益轉化成國家利益、對外將這項國家利益轉化成國際同盟的利益，使先前的產業政策擴展成跨國企業、先前的利益統合擴展成軍產複合體，這是以經濟與政治雙層分工所架構而完型的國家機器體系發展階段，也是金融資本主義的發展階段。如圖3-3所示：

(圖3-3：國家機器的形成)

那麼，現代國家體系（或官僚結構）便同時包括了四種功能相異、互爲依存的組織體：行政機器（或汲取式機器，包括了負責例行業務管理的各級政府組織體系）、生產機器（負責進行社會資本累積的經濟行政體系，以及國營事業）、鎮壓機器（掌握制式暴力的懲罰體系，如軍隊、警察、司法組織），以及宣傳機器（或意識型態機器，負責文化、教育的各級體系）㉗。更重要的是，任何由單一組織體所主導

的國家政策，在國家權力的行使過程及其目的上，均或多或少包含了其他組織本身的利益，這項利益關係則是依照個別組織體的主副關係、以及功能消長而異㉘，依這四種功能，可以從最底層的物質再生產，迄至最上層的意識再生產而區分出六種國家權力類型，如圖3-4：

物　再生產		意　再生產	
行政—生產(I)	產業政策	生產—宣傳(IV)	經濟導向
生產—鎮壓(II)	利益統合	行政—宣傳(V)	意識教化
行政—鎮壓(III)	權力集中	宣傳—鎮壓(VI)	政治控制

(圖3-4：國家權力類型)

　　假定國家權力的行使是以生產機器為主導，國家機器的角色便表現在產業政策、利益統合以及經濟導向這三個主要面向；假定是以行政機器為主導，國家機器的角色便表現在產業政策、權力集中以及意識教化這三個主要面向；若是以鎮壓機器為主導，國家機器的角色便表現在權力集中、利益統合以及政治控制這三個主要面向；若是以宣傳機器為主導，國家機器的角色則表現在經濟導向、意識教化與政治控制這三個主要面向。

　　在這四種由個別官僚機器所主導的權力面向中，前兩種面向的共通點在於產業政策的優先性，資本主義民主社會的國家角色便是從此一物質再生產的基礎工程介入商品生產的

行列；相對地，後兩種面向的共通點在於政治控制的優先性，威權式後進國家便是從此一意識再生產的基礎工程塑造商品生產的空間。這項重大差異很清楚地表現在兩種截然不同的現代化發展理論的思考途徑上，關於政治與經濟的因果關係，前者認為「經濟成長」是「政治安定」的前提，這是從資本主義發展過程中，由於「經濟衰退」導致「政治動盪」的歷史經驗所獲得的命題；後者則認為「政治安定」是「經濟成長」的前提，這是從現代農業社會在面臨資本主義國際工業壓力下，由於「政治動盪」導致「經濟衰退」的現實處境所獲取的命題。這兩項簡化的邏輯推論，明確區分了國家機器在國際政經體系下所面臨的角色調整問題，關於前項命題，在先進工業民主國家是以民主統合主義（或新統合主義，Neo-Corporatism）的形成與轉化為代表；至於後項命題，在第三世界的後進國家則以官僚威權政體（Bureaucratic　Authoritarian Regime, BAR）的形成與轉化為代表。在歷史條件、社會處境以及政治傳統皆大相逕庭的環境下，這兩種國家機器型態最後都趨向於權力集中與經濟導向，也就是由國家機器同時肩負了物質與意識的再生產作用：稱之為物質再生產，理由在於統合主義與官僚威權政體均面臨到國際資本主義交換體系的壓力，國內經濟必須採取一定的發展策略，促使國家機器在這種處境下必然介入勞資關係與產業分配的過程，也就是介入社會階級關係的協調或主導過程中，生產機器與行政機器逐進一步維繫了國內市場資本累積的生產方式及其生產關係；另外，稱之為意識再生

產，理由在於國家官僚對社會階級關係的協調或主導，必然
包含雙贏共識的塑造以及在此一規範下的制裁權力，無論是
依據階級利益或國家機器的利益，前項的物質再生產過程之
所以續存於交換體系當中、並提升其競爭能力，最大的因素
即在於發展策略的實現，也就是以宣傳機器與鎮壓機器為後
盾、對社會階級關係進行策略所需的整合。因此，國家機器
在發展策略當中所呈現的物質與意識兩層面的權力關係，必
然隨著對社會階級關係的協調或主導的程度，而分別表現出
朝向權力集中以及經濟導向這兩種層面的角色轉移，以國營
企業當成策略基礎的國家資本主義㉙便是其匯合處。究其原
因，乃是1930年代以來資本主義全球化發展、以及隨後的國
際分工體系的處境壓力下，國家機器與國內社會階級關係的
互動所致。

註　釋

①從行爲關係、結構關係，以及意識關係這三個層次來說，「市場」不僅是實物交換的行爲場合，也是實物交換本身的自存體系，更且是身處於該體系下所產生的一種觀念世界。這三種「市場」意涵，便是指特定區域的實物交換形式（即市場經濟），資本主義世界體系的商品關係（即經濟市場），以及相對應的意識型態價值體系（即市場觀念）。從「行爲—結構—意識」的形式關係來看，「市場化」是從「市場經濟→經濟市場→市場觀念」的影響步驟所產生的，當然，市場觀念亦會回溯來影響市場經濟的行爲（動機與目的），不過這是第二序的再生產關係（也就是市場化之後）的課題，因此，「市場化」的意涵必須以市場經濟的行爲關係爲論述起點。

②商品行銷所塑造的美學幻象的威力，可以從兩個相反例子看出。(1)有一首詩歌是這麼寫著：東印度公司爲了獲利……，把（進口的）茶葉吹噓是仙樹的瓊漿玉液，宣稱日飲40至50杯會如何如何。漢堡一位荷蘭醫生說，大量飲茶爽極了，大家都認爲他已被茶商賄賂了（Haug, 1986:20-1）；(2)慕尼黑一家服飾店，雇用一位大胸部女郎蘿西幫忙推銷命名爲「蘿西‧蘿西」品牌的性感內衣，銷售量歷22年而不衰（ibid.,:29）。Haug認爲：「在所有商品生產中，創造了雙重實體：使用價值，以及更重要的是使用價值的表象……，這個表象比商品本身更重要……，即美學幻象。……使人們把鏡中之影當成眞實對象」（ibid.,:16-7, 52）。

③「商品是商品生產的工具」（production of commodities by means of commodities）是義大利經濟學家P. Sraffa的成名觀念，他認爲

生產是一種循環過程（透過商品交換），經濟體系各生產部門在生產方式不變的條件下，週而復始地進行著，商品成為再生產的一環。在生產剩餘的前提下，商品價格是依照(1)符合再生產的範圍內，以及(2)有效配置剩餘的規則之內所決定（從古典經濟學著名的生產程式，即鐵、小麥與勞動的生產關係，所引發的再生產討論，參見Caporaso & Levine, 1992:49-51）。

④autopoiesis是一項生物學概念，用來說明基本的生命過程，尤其是細胞及中樞神經系統。許多學者借用這項概念來描述具有「自相說明」（self-description）、「自相對照」（self-reference），「自行生產」（self-production）、「自行組織」（self-organization）、「自行保存」（self-maintenance）等等結構性質的社會構成形式，例如操縱學、社會分化體系、政治系統。G. Teubner認為autopiesis具備如下的含意：(1)體系構成單元的自行生產，(2)自行生產的循環是透過更上層的大循環來自行保存，(3)以自相說明來規定自行生產（參見Teubner, 1993: 24, 27-8）。

⑤可以說，商品具有兩種力量：(1)滿足需要，即Smith所謂的使用價值；(2)交換其他商品，即Marx所謂的交換價值。由於商品交換是以一定的數量在進行，所交換的商品可視為具有定量的價值，商品行銷所產生的意識作用，即在於將該項定量的交換價值，塑造成新的使用價值。詳言之，商品具有兩種含意：使用或交換。從人類日常生活的需要（need）所創造的商品（commerce），其價值是「使用」，Smith在《國富論》討論的商品就是從使用價值的觀點來說明我們享受麵包的原因出自麵包師的自利心，麵包師在有利可圖的動機下製造麵包，我們也在滿足其利潤的條件下獲得麵包的使用（價值），從這種「使用」的關係產生了商業化（commercialization）

的物質文明，人人都在這項物質基礎上獲取其相對價值（或利益），資本主義的正面意義即在此。「使用」含意側重物質的生產與消費，至於生產要素當中的資本流程以及實現消費所需的勞動所得問題，也就是價值分配問題，必然得從商品的交換價值（即價格）來考量，據此衍生出勞動工資與資本積聚之間的矛盾，這項矛盾就是商品之社會關係的基礎，Marx在《資本論》談論的商品（Commodity）就是從交換價值的觀點來說明生產剩餘的資本積聚對勞動工資的剝削，由此形成階級矛盾關係。「交換」含意正是商品化（commodification）之意識作用的開端，資本不僅改變了麵包的數量與品質，進一步從需要層次塑造了欲望（desire）對象，即新的使用價值。

⑥「一旦掌握了特定的使用價值，商品美學不僅具有全新的意義……，並且與商品本身分離，它的風格被精緻包裝及推廣宣傳。這種獨佔性使該項商品轉變成商標……，成爲價格獨佔的根據……，使用價值一旦受商標所約束，這項獨佔商品便更爲優勢」（Haug, 1986:25-6, 41），在商品美學的持續作用下，「主觀感受必定會依照商品對象而改變，這項成效是經由社會化性質的力量所促成，此即商品及資本的崇拜性質的展現」（ibid.,:100）。

⑦前面（第2章註31）所提到的公民權與資本主義之間的對抗，是建立在個人權利的邏輯推演、以及資本主義生產的邏輯推演這兩項主軸的動態關係上，資本主義式民主政治可以說是這兩項邏輯的互動產物，也可以說是具有內在矛盾性的關係體系（參見Bowles & Gintis, 1986: 29-32）。它的矛盾性即表現在階級的政經關係上，Moore認爲，民主的起源是建立在平民與地主貴族之間的均勢發展，以及農業貿易的合理分配的轉化過程，乃至隨後的弱勢地主貴

族與新興資產階級聯合對抗工農階級的動態過程（參見Moore,
1966:430-1），那麼，資本主義式民主政治便是由不同程度的抗爭方
式所達成，民主政治既不是資本家的貢獻，也不是偶然蹦出歷史舞
台，而是從資本主義的矛盾當中產生（參見Therborn, 1983:268-9,
271），亦即階級結構的轉化（對立與妥協）促成了資本主義與民
主政治的發展關係（參見Rueschemeyer, Stephens & Stephens,
1992: 7, 47）。

⑧金融資本代表著資本主義從競爭走向壟斷階段的特定資本結構，以
銀行爲代表的主要金融單位透過股份公司、人事互通、資金轉移等
方式，控制著產業資本的投資方向，同時，也跨越了地域限制，成
爲經濟帝國主義的動力來源。金融資本的這項社會意義，正是早期
帝國主義理論（Hilferding, Lenin）的論述主軸（參見Brewer,
1990: 89-95）。

⑨雖然商業銀行及保險公司在分別汲取利潤，長期來看，彼此之間對
融資的結構互賴則結合成一致化的金融體系，這是產業資本高度集
中之後的必然結果（即超額的生產剩餘）。例如，1970年代美國50
大銀行掌握了⅔的融資，光是紐約及芝加哥的銀行團就控制了20%
的債信，至於壽險公司的資本集中情形則更爲明顯（Mintz &
Schwartz, 1990:205-6）。產業資本與金融資本的累積要素在於利
潤與利息的差異，假定利潤率大於利息，則資本流向於產業投資的
比例會增加，反之，則產業投資意願低落，資本流向金融體系，因
此，以存放款利息的調整來影響產業投資，成爲總體經濟政策的課
題之一。

⑩資本集中所產生的巨額利潤可以從獲利率來理解，假定牛肉麵老闆
獲利率是一倍，銀行家的獲利率是5%，表面上牛肉麵老闆比銀行家

會賺錢，事實上，老闆依然在端麵，銀行家繼續數鈔票。

⑪因此，資本主義市場的雇傭關係就是資本家吃肉，受雇者喝湯。

⑫凱因斯政策正好提供了資本主義民主當中階級妥協的意識型態與政治基礎，以國家干預來整合私人企業與政治管理。凱因斯認為，國家的要務並非在擁有生產工具，假定國家能夠決定出大量資源，使持有者的工具設備與基本獲利率日益增進，就已善盡本份了（Przeworski: 1985:207）。

⑬從體系維繫的保守主義角度來看，「統合主義所強調的可掌控、非解體的關係⋯⋯是一種有機國家的想像，⋯⋯這不僅是一種關係形式，亦是一種關係信念⋯⋯，統合主義的政治作用在於階級妥協以及構成體的基本互賴，⋯⋯確立了衝突解決的去政治化方式，由專家進行行政協調」（Chalmers, 1985: 62-5, 75）。

⑭Henry Ford在1910年底特律高地公園的通用汽車廠生產第一部廉價汽車時，就已經開始在改變資本主義發展的結構。他提供高工資給生產線的工人，並鎖定一般勞工階級為銷售對象：同時由大眾來生產與消費。這些領高薪的工人必須具備專業技能與良好的勞動紀律，透過機器生產的規格化步驟及較低成本的工業原料，量產出固定型態的黑色小汽車來滿足一般家庭的需求。Ford這項規格化量產以及廉價傾銷的觀念，是來自對Taylor管理程序的反省（Taylor在倡行以科學化的步驟管理來提升鑄鐵搬運工的效率時，Ford想到了以機器來取代勞力），以低成本與技術創新方式所達成的規格化量產來刺激一般大眾的消費欲望層次。這種生產與消費一體化的經營方式不但使勞力密集的產業（即Taylorism，工人被生產線區隔成單一動作的單一個體，正如同卓別林在「摩登時代」電影所反諷的劇情一般），轉移至資本與技術密集的產業，也塑造了大眾消費的

新社會型態,此即Fordism。這項概念是由Gramsci率先提出,他認爲Taylorism使手工勞動與勞動意義相異離,工人有如「受過訓練的猩猩」,Fordism的高薪原則正是借助於給付提高的方式使工人自願接受資本家的強迫勞動,這些薪資正好可以維持工人勞動的一定生活水平,產生了工人階級中的新貴(參見Allen,1992:234-5, 242, 264-5; Bocock, 1993: 20-1; Gramsci, 1971: 308-11)。

⑮Wallerstein認爲,許多人對資本主義與國家本身抱持著意識型態的偏見,「依其意識型態,資本主義被認爲是私人企業的活動不受國家機器的干預;然則,實情正好相反。以爲資本主義可以在不受現代國家的積極作用之下而仍能運行自如,這種觀點是很無知的。在歷史資本主義發展中,資本家乃是靠著掌握國家機器、以各種方式來謀利。第二種意識型態神話是關於國家主權。現代國家絕對不是一個完整且自主的政治實體,在國家的發展以及塑造出國際體系整合的構成體過程中,有一組規則在運行……,國家正是處於該權力層級當中」(1983: 56-7)。資本邏輯的基礎在利潤(即M′>M),這項可名之爲生產剩餘的差額包含了資本家所得、勞動工資以及國家租稅,三者的分配關係蘊含著社會的政經關係。就資本家所得與勞動工資而言,定額生產剩餘的不平等分配(或勞動剝削)形成社會階級矛盾;就資本家所得與國家租稅而言,分配內容的調整(或租稅體系)形成國家財政基礎與官僚結構的自主化,相對地,從經濟損失所取得的政治權利(即「無代表,不納稅」)則奠立現代民主代議制度的基礎;另外,就三者的分配關係而言,由階級關係與代議政治所呈現的制度矛盾(即國家法律與公民權)則蘊含了政治抗爭與妥協的經社關係。可以說,資本主義的政經關係始終是一種動態的矛盾關係,而國際政經體系當中的霸權勢力與「核心

一邊陲」結構亦受到此一動態矛盾關係的牽動。

⑯Weber即認為「只有官僚化的軍事結構方足以發展出在其領地之內進行持續綏靖行動、以及對外抗戰的專業化常備軍」（1978:981）。相對地，軍事擴張必須依靠短期借款或長期租稅來支應軍隊動員，Tilly認為「強制力的集中程度，部分是依恃在資本的集中程度之上……，所要取得之軍費的財政策略因地制宜，像俄羅斯這種農業社會，大部分是依靠地主的支持……而形成龐大官僚體；像威尼斯這種商業社會，則是依靠消費稅以及（軍費較少的）海軍，因此無需產生龐大的集中化官僚……，城市與國家的關係正是資本與強制力的互動關係」（1989:57-9）。可以說，現代國家的形成，是由戰爭、擴張以及資本累積之間的互動所塑造的（Tilly, 1985:172）。

⑰Mann即認為，「中世紀的經濟型態是跨國家的；國家疆界並非由經濟互動所構成。更且，封建主義的生產方式以及（早期）資本主義的生產方式也是跨國家的……，國家對既定領土之經濟關係的規定角色……是基於財政考慮……，當商人及地主資本家處於戰亂時代，就有求於國家的內外管制，國家亦（相對）提出了財政需求，促使階級走向民族化的組織型態，甚至是英國人、法國人、德國人等等（族國觀念）」（1988: 118-9）。由財政關係所逐漸形成的專制民族國家，最主要的矛盾在於地主利益與國家機器利益的衝突上，「當國家機器透過其優勢軍力行使其普遍效忠的利益時，也正是在切斷地主對農民的剩餘剝削。可以說，國家與地主貴族之間的衝突是源自於農民生產剩餘在地租與稅賦之間的分配問題，……國家透過課稅方式想要部分化解這項衝突，主要還得以賣官的方式來進行，……賣官方式愈顯重要，則公共責任與官員私利之間的區別問題就愈顯著，……總言之，專制國家的自主性具有雙重性格：在

相互競爭農民於地租與税賦的分配時，……國家如同生產關係當中的階級角色；在透過税制／官位結構來吸納競爭者的時候，又成爲促進財富累積與社會福祉的巨輪」（Moore, 1991: 50-1,56）。

⑱Skocpol提到，「國家官僚與地主階級在（對農民）剝削時是同謀，在控制農民勞動力以及從農商經濟當中奪取剩餘時，又是競爭者。君主的利益在於從社會當中獲取漸增的資源、並有效地轉移到軍備擴充，或是由國家來主控經濟發展。因此，上層地主階級的經濟利益有一部分就被吞掉」（1979: 49）。

⑲現代國家優勢地位的形成，在於能夠「有效地分配軍備、經濟資源以及宣示它的正當性。現代國家有效動員戰事的目的，在於強化經濟活動（資本主義擴張）以及自身的正當性。經由這些特定過程的關連作用，確立了現代國家的特定組織與形式」（Held, 1992:115）。

⑳工業化使國家權力更爲集中，高度集中的國家權力才有可能創造出強勢的工業化景象，使產業部門及民族國家整體走向現代化（參見 Hall, 1994: 347-8,352）。

㉑「城市是居民主要以商業與貿易爲生的場所……，經濟的分殊化可以從兩方面得知：法庭的出現，或是市場的出現。在封建社會，國王法庭是經濟與政治需求的中心，……亦存在著常態性的財貨交換，構成了需求滿足與生計的基本內容，換言之，就是市場。……城市一直是市場的中心，有一個區域市場當作經濟中心點，使城鄉人民均能滿足他們對手工品的需要，或是交換技術成品」（Weber, 1978: 1213-4）。

㉒市場的形成過程，就已經意涵了城市地位所代表的政治關係。Weber認爲，市場的存在經常是以貴族或君主的保護爲根基，「一

方面，這些政治領主從常態市場的外來貨及手工品的正常供應當中得到好處，……另一方面，也希望能夠從貿易商與工匠當中獲得可課稅的利益」（1978:1214）。市場與城市的關係形成了早期國民經濟的發展型態（例如17世紀的威尼斯，18世紀的阿姆斯特丹，19世紀的倫敦），「每一個國民經濟型態都是一種政治空間，基於物質生活的需要與創新，國家機器予以轉化成協調一致的、統一的、所有活動都朝往同一方向的經濟空間」（Braudel, 1977:99）。現代國家即使是承繼了資本主義之路，在這項互存關係下，「資本主義能夠取得優勢，正是因爲它逐漸與國家相融合，並結成一體」（ibid.,:64）。

㉓「從政治角度來看，專制國家是由產業革命所促成的，這項革命使西方世界的重心從地中海轉移至大西洋沿岸，並迫使某些農業大國的人民爲了商業與貿易的緣故而重新組織起來。主權的建立是當時對外政治關係所需要的；因此，重商主義者的謀略乃是爲了國際事務的權力目的而集聚全國的所有資源。原先被封建主義及地域排他心態所分化的國家，進行統一乃是國內政治上所努力的必然副產品。另外，從經濟角度來看，資本正是統一的工具，也就是以貨幣形式予以儲存，因而更適合於私有資源的商業發展。最後，中央政府倚爲經濟政策之基礎的行政技術，便將傳統城市的行政制度擴充到全國各地」（Polanyi, 1957:65）。

㉔商品圈（commodity chains）的當代政治意涵，必須放在世界分工的層級來理解。Wallerstein認爲「世界經濟（world-economy）是由相互連繫之生產過程的橫向網路所構成，可名之爲〝商品圈〞，在這圈子當中的任何一段生產過程都是〝前後關連〞的一份子，特定過程（以及當中的人們）均依附在裡頭。……在這種整合式商品

圈的橫向組合中，生產是建立在極大化資本積累的資本主義原則之
上，幾乎所有的商品圈均在某一定點上是跨國界的，同時，有許多
（甚至大部分）在更多定點上是跨國家的。每一個定點都有勞動
者，都有國家在對勞動所得施壓力。每一個定點都有產品〝交
換〞，都有國家在對〝價格〞施加壓力，……國家勢力必須在這個
脈絡當中來理解。強國並不是指威權國家。事實上，……某一國家
之所以比他國還強，乃是能夠在世界經濟當中由所屬企業（包括國
營企業）極大化其獲利條件」（1984: 2-5）。

㉕在冷戰期間軍備競賽過程中，大部分的尖端科學與技術都被吸納至
軍火生產與管理的用途上，巨額國防經費結合著民間企業集團，形
成一項自行運行的結構，靠著國際衝突的危機意識來維繫其龐大利
益，這就是軍產複合體（military-industrial-bureaucratic-techno-
complex, MIBT，或MIC）。由軍方、政治人物以及民間生產單位所
構成的共同利益，表現在國防預算的擴張上，大量的軍火產品內容
不斷地更新，產量不斷地儲存，同時，次級產品依其層級差異而分
別（且分時段）輸往國際防衛集團的附屬國。一方面，軍產複合體
由於擁有最先進的科技知識，成為最具專業化的生產部門，資源浪
費的情形亦不容易受監督；另一方面，由軍火性能之層級所構成的
商品圈，除了持續增加全球軍備的經費支付之外，亦連繫成國際軍
火網路，自成一項同時包含經濟勢力與政治勢力的國際分贓體與控
制結構，最具代表性的就是戰略武器以及附屬的核能電廠。由於軍
產複合體慣常以安全威脅為理由來積聚其自身利益，率先提出這項
名詞的美國總統艾森豪亦憂心忡忡於軍產複合體的權力誤用。相對
地，蘇聯集團的軍火工業更是由國家政策所主導，整部國家機器的
生產流程均是以軍備為核心而運行著（參見McGrew, 1992: 77-85

）。

㉖馬克思主義對於資本主義的分期階段，是以資本的生命循環（M-
C…P…C′－M′）過程的主要資本構成來區分：金融資本（finan-
cial capital）位於M-C環節，是生產投入的主要資本；產業資本（
industrial capital）位於C…P…C′環節，是產品生產的主要資本；
商業資本（merchant capital）位於C′－M′環節,是產品轉化成貨幣
價值並發生累積作用的主要資本。從封建走向資本主義的主要資本
構成，就在於商業資本所初次表現的原始累積性質，使手工勞動的
產品轉化成外於個別生產的一項剩餘，可隨時投入任何生產行列，
產生了資本流通；其次，工業革命所引發的規模生產，則是以產業
資本的大量投入，進行生產設施的擴充與技術創新；至於金融資
本，則是以資金融通單位為主體，以資本轉移方式改變生產內容。
可以說，商業資本主義是一種地域性的「生產─流通」循環；產業
資本主義是一種國家性的「生產─流通」循環；金融資本主義則
是一種國際性的「生產─流通」循環。資本主義的發展即表現在由
資本的生命循環所構築的商品圈的逐漸擴大過程。對資本主義的理
解，必然得從「資本」的性質及持有來考量。就生產流程而言，資
本分別表現出商業資本、產業資本及金融資本這三種性質，相對地
形成商業資本主義、產業資本主義及金融資本主義這三段發展歷
程；另外，就資本分佈而言，資本的持有分別表現出私人資本（企
業）、國家資本（國營企業）及國際資本（跨國公司），相對地形
成私有資本主義、國家資本主義及國際資本主義這三種空間層次。
依據這兩種觀點，正如同I.Wallerstein所言「資本主義就是指歷史
資本主義」，從原始累積發展成累積結構，從國民市場擴展成世界
體系，也就是說，資本主義是一種現代產物，而「國家資本主義」

正是二十世紀資本主義的特色,即便是所謂的「實存社會主義」(actually existing socialism)及「東亞模式」,均是國家資本主義的一環(亦見本章註29,第四章註43、44)。

㉗許多學派(包括多元主義以及早期馬克思主義)偏向於將國家機器當作社會關係的一種上層構成體,它的性質只是社會(階級)互動的產物,它的作用亦只在忠實反映出社會(階級)互動的結果,這種「工具論」的觀點是在強調國家權力的「來源」及其「影響」,至於國家權力行使的「過程」所必須依恃的媒介關係,也就是國家結構,卻甚少加以重視。率先明確提出國家權力與國家結構之存在差異的著名學派,應該是以L. Althusser爲首的結構主義式馬克思主義理論,使「國家機器」正式登上當代國家理論的論述重心。Althusser認爲,Marx在《路易·波拿巴的霧月十八》與《法蘭西階級鬥爭》中,就已經包含了如下的看法:「(1)國家是一部鎮壓式國家機器,(2)國家權力與國家機器必須嚴格區分,(3)階級鬥爭的目的是國家權力,階級所控制的國家機器、它的行使結果就是掌握國家權力來達成階級目的,(4)無產階級必須拆解國家權力,方能進一步瓦解既存的資產階級國家機器」(Althusser, 1984: 15),由於「國家機器的權力行使必須通過以及藉助於某種意識型態,同時,意識型態必然是經由某個對象來行使、並且是爲某個對象而存在」(ibid.,: 44),因此,國家機器必然同時包含了鎮壓式國家機器(RSAs)以及意識型態國家機器(ISAs),前者是以暴力方式表現,後者以意識型態方式表現,可以說,「階級若要持續掌握國家權力,就必須同時透過意識型態國家機器,並在裡頭表現其霸權意識」(ibid.,: 17-20)。關於國家結構的後續討論,便是建立在Althusser的論點之上,進一步區分出國家機器的各種次級體系,同

時也確立了國家機器的「相對自主」的立場，例如，Therborn認為
「國家機器使統治階級佔有特定地位的理由在於：⑴國家所做的
任何事都是透過國家機器，因而提供了經濟與意識型態的干預管道
……，⑵國家機器被當成是在進行階級關係的物質調節」（1980：
151），「統治階級的國家權力是社會整體再生產過程的一部分
……，經濟的限制是在具體過程中行使再生產的一種經濟立場的特
定結構……，另一種重要的再生產機器型態是政治的，包括了行政
與鎮壓這兩種基本的次型態，同時將現代社會集中操控在嚴密的國
家機器當中……，至於意識型態機器亦是舉足輕重……，所有的次
級機器均同時運作於階級對立與鬥爭的過程當中」（1982：244-7
）。那麼，原則上就可以依國家機器的權力行使，區分出四種國家
機器型態，分別進行著行政管制（行政機器）、物質生產（生產機
器）、共識維繫（鎮壓機器），以及社會整合（意識型態機器）等
功能面向，而衍生出更爲分化的國家機器次級體系（參見Barrow，
1993：24-5），例如，Clark及Dear認爲，第一項功能包括了行政與管
制機制，第二項包括了公共財、生產契約以及財稅關係，第三項包
括了政治程序、法律規範以及制式暴力，第四項包括了文教福利、
訊息網路與傳播媒介（參見Clark & Dear, 1984: 50-4）。

㉘這些組織體（即國家結構）及其行使功能（即國家權力）的性
質，Therborn區分得很明確：「經濟底層對政治上層建築的限定，
是透過國家權力與國家機器的再生產作用。……國家結構是按照經
濟分工的型態而構成國家組織化。依照提供國家行動的基本路徑以
及將人民區分爲各種階級的方式，來塑造國家權力的性質。……國
家權力則是在兩項制度化關係所構成的場合當中揮舞著：國家機
器〝代表著〞階級社會，尤其是統治階級，以及〝中介著〞統治者

與被統治者之間的社會關係。某個既存階級（黨派或聯盟）之國家權力的再生產，就是在再生產他們於國家領導的代表性質以及比其他階級更為優勢的中介性質」（1980: 169）。

㉙國家資本主義是國家機器直接投入社會物質生產的一種政經體制，最顯著的投入方式就是國營企業，從國營企業在社會物質生產所獨佔的規模，可以發現，資本主義民主社會、第三世界後進國家以及共產國家，它們的差異只是獨佔規模上的光譜分佈（即「國家管制」、「國家主導」、「國家控制」的指稱差異）。資本主義民主社會下的國家資本主義，是以局部性的調節政策，對特定生產與分配規模、以及就業狀況，進行強勢干預；第三世界後進國家的國家資本主義，是針對社會物質主要生產項目，由國家進行生產管理，並透過相關產業政策的配合來達到社會物質生產的特定策略目標，進一步表現出弱勢邊陲國家的自主要求；至於共產國家，則是一部完整的國營企業體，由國家機器全然掌握社會物質的生產與分配。「國家資本主義」這個概念指出了：(1)國家資本主義是私有資本主義的承繼者；(2)國家扮演了重要角色；(3)由獲利取向所引導；(4)不等於社會主義（參見Duvall & Freeman, 1981: 104-5, 111; Jessop, 1982: 60; Perez Sainz, 1980:60; Pollock, 1989:96-7）。

●第四章●
國家機器的再生產作用

從三〇年代全球經濟大恐慌開始，國家機器便直接面臨到生產投資與所得分配之間的矛盾所呈現的資本主義危機問題。在此之前，國家機器的經濟角色著重於維護國內市場機能的常態運作，以加速產業資本的累積，其政治角色則是透過軍事力量與政策誘因來激勵產業資本對海外市場的投資，這兩種角色使重商主義得以迅速地擴展成跨國式商品交易的經濟帝國主義。由於國家機器的利益是依附在資本累積過程的生產剩餘，同時，產業資本家的海外投資必然是建立在與金融資本家共同取得和諧的政商關係之上，對於所得分配不足的勞工剝削問題以及勞工組織的政治抗爭問題，在資本累積過程中，並未加以重視，甚至採取政治干預方式來抑制可能損及生產投資的階級鬥爭，也就是說，在生產投資與所得分配之間的取捨（trade-off）問題上，國家機器的政經角色必然側重於前者①。

資本主義式民主政治的國家機器採取該項立場的原因在於，國內市場投資經過產業壟斷式競爭之後所呈現的飽和狀態，使投資利潤降低而轉向海外市場，一旦國際市場的開拓面臨到其他霸權國家的競爭，那麼，在國際市場中建立一套類同於國內市場機能般的金融秩序、以及該秩序所反映的霸權均勢，遂成為霸權國家持續維繫國內產業資本累積的要務②。但是從資本邏輯來看，過度壟斷所造成的生產剩餘剝削，使工資勞動者在所得分配不足的情形下降低了購買力，相對地，資本家的生產投資也隨著消費不足而呈現停滯，進而大量裁減勞力，這項困境（或者說是惡性循環），對資本家而

言，是過度累積（overaccumulation）形成生產過剩，對勞工而言是低度消費（underconsumption）造成大量失業，導致資本家破產、勞工飢餓的經濟蕭條景象。那麼，這是否意指著資本主義的終結③？至少，階級對立問題在此一危機處境中已成為互存共生的問題，國家機器也面臨到稅收不足的壓力，就經濟層面而言，國家機器必須重建市場秩序以維護自身利益；就政治層面而言，執政當局必須提出因應政策來恢復社會階級對政權的信心。因此，透過國家權力所執行的產業政策，遂成為一併處理生產停滯與大量失業所引發的資本累積危機與正當性危機的迫切方案，也就是同時透過貨幣政策來進行資金融通、以及財政政策支付公共工程投資來創造就業機會，這使得國家機器體系與赤字預算在短期間迅速膨脹，凱因斯主義最終還是挽救了資本主義的危機④，同時，國家角色對資本主義的貢獻也獲得了最明確的歷史證明。

然則，國家機器透過大量公共支出對市場秩序積極干預的結果，便是隨之而來的增稅問題。增稅不僅涉及到社會階級的所得重分配，同時也反映了社會階級的政治勢力消長，對資本家而言，累進稅制將抵銷實質生產剩餘，對工資勞動者而言，一般稅制將相對地減少實質薪資所得，因此，由於社會階級的組織勢力（產業公會及工會）及其政治勢力（右翼與左翼政黨）對國家政策影響力的差異，而產生了國家機器後續角色的調整問題。國家機器介入生產投資與所得分配之矛盾關係的協調過程，事實上也是在對階級關係進行轉化與調整，如何在勞資雙方對於剩餘價值分配的爭議過程中獲

取定額稅收，以及如何透過產業政策來提高生產剩餘，在這
兩項環節上，國家機器與勞資雙方亦呈現出互存的結構關
係：國家對於市場的干預，是在維持生產投資條件，生產投
資所創造的剩餘價值使勞資雙方相對獲利，生產剩餘也進一
步成為國家機器的稅收來源。那麼，國家機器的物質再生產
政策便表現在維護投資環境、協調生產剩餘分配（如工資政
策）以及租稅合理化等項目上，同樣地，勞資關係的對立與
協商，亦透過選舉交換體系而影響了國家機器在生產投資與
所得分配之間的政策調整，工會組織與勞工政黨的興起正標
示出資本主義民主政治的階級妥協性質以及國家機器在物質
再生產過程的積極作用。一旦勞資雙方均認同於資本累積過
程會逐漸增進生產剩餘的配額，以及國家機器對於市場的干
預可以維持有利的投資條件，那麼，國家機器便在物質再生
產過程中呈現其主導效果。可以說，國家干預的程度正反映
了階級關係的互動程度，國家權力亦隨著階級互動而反映出
相對的體系規範，如圖4-1。

　　美國及瑞典即代表著這項關係模式下兩種程度不同的發
展途徑，前者在農工商產業公會勢力龐大、政黨組織鬆散且
意識型態模糊、決策部門多重化、利益遊說團體盛行的政經
條件之下，國家角色被限定在產業政策面向當中，國家權力
的行使便徘徊在貨幣政策與財政政策之間，尤其是以貨幣政
策管制通貨膨脹最足以代表低度統合式民主的國家角色典
範；另外，後者在勞工組織健全、左翼政黨勢力強大、比例
代表制所反映的分歧意識與利益、單一決策的內閣制等政經

條件下，國家機器的權力不僅邁向利益整合，更進一步發展出權力集中、經濟導向的高度統合式民主國家的角色典範⑤。

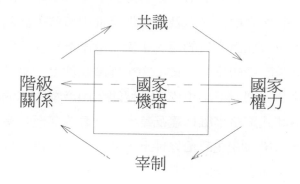

(圖4-1：國家角色分析模式)

第一節　先進國家的處境典範：統合主義與福利國家

　　民主統合主義可說是因應全球經濟危機所採取的一種特定的協商式制度安排，由各種利益組織（產業公會、勞工團體或／及農民組合）的全國式聯盟，透過國家機器的協調運作，使產業政策（包括特定產業項目與產業結構調整）得以同時兼顧各聯盟的利益（對工會而言是提高就業機會與工資保障，對產業公會而言是管制通貨與誘導投資），藉以獲得

暫時性的雙贏策略，也就是在所得分配與生產投資之間達成
非零和式妥協來解決經濟困境。這項半組織化、準官方式的
三邊（或多邊）協商式制度安排，有其特定的歷史經驗：(1)
在社會條件上，具有階級妥協的傳統，尤其是鬆散的封建制
度下的弱勢保守地主、以及工業化過程中新興工農階級因參
與空間相對增加而產生的溫和態度，這兩項重要的階級因素
促成了階級關係的協商傳統；(2)在經濟條件上，屬於高度依
賴對外貿易的開放型小規模經濟型態，由產業之間的專業化
組織與協商式策略來維持產品輸出，社會各部門具有同舟共
濟的市場處境；(3)在政治條件上，國家政策的協調性有賴於
代表著各種利益組織的政黨、以及採行較能反映少數利益的
比例代表制，使黨派協商與利益諮詢得以實現於政策過程當
中⑥。

　　除了這些歷史經驗之外（這些經驗正是北歐及低地國得
以實現高度統合的背景因素），統合主義的產生必須具備三
個現實條件：具有集中式且全國性的利益組合（如工商總
會、總工會）、勞資之間互利共榮的協商處境，以及利益組
合與國家機器之間的制度化連繫（Lehmbruch,1984: 61）。
依照這些條件的強弱，先進資本主義國家採取統合策略的程
度，在國家統合主義與多元主義之間呈顯出光譜分佈的差
異：低度統合（或多元式統合）在於工會僅只參與特定的產
業部門或政策，集體談判的力量受限，對所得分配的諮商內
容亦難照單全收；中度統合在於工會參與集體談判的範圍較
大，政策諮商的內容較易實現；高度統合在於工會對政策制

定與執行均具備有效參與的力量，政策諮商內容最易實現
⑦。相較於勞資關係在經濟勢力與政治勢力的消長，促成階級
協商的最主要中介體就是國家機器所扮演的仲裁角色⑧，從
統合政策流程來看，國家角色不僅居中協調了階級諮商的過
程，並強化了諮商內容的執行過程。那麼，在各種不同的統
合觀點當中⑨，利益組合的集中程度、以及國家機器的干預
程度，這兩項組織體的政經互動關係，正是統合主義得以實
現的最關鍵因素，依它們的權力行使意涵，可簡略區分如圖
4-2的統合型態：

民主統合

型態	(國家統合) ←——————→	(多元主義)
利益匯合	集中 ←——————→	分散
組合結構	層級化 ←——————→	分歧化
組合授權	高 ←——————→	低
國家機器	主動 ←——————→	被動
中介方式	官僚體 ←—議會—→	市場
協商方式	合作 ←合作與競爭→	競爭

(圖4-2：統合主義的水平類型)

　　利益匯合程度愈集中，愈容易產生全國性利益聯盟，參
與政策制定的機會愈大，意見諮商轉化成政策執行內容的可
能性愈高，反之，愈分散成地方性、乃至個別產業中的利益

組織，則影響力愈小；利益組合結構愈嚴密（層級節制），
則利益匯合的趨勢愈強，反之，愈分歧則利益表達愈微弱；
組合授權程度愈高，愈容易進入政策諮商過程，轉化成政策
執行、及其效果的可能性亦愈高，反之則愈難；國家機器主
動介入社會階級利益的對立與整合，則階級協商與雙贏政策
的實現可能性愈高，反之則愈無約束力；透過官僚體為協商
中介，則國家機器的控制程度、利益組織合作程度及其利益
整合程度愈高，透過議會代表為協商中介，則黨派組織的控
制程度、利益組織呈現合作與競爭相互為用的情形愈顯著，
整合程度亦因個別政策內容而異⑩。這些型態的程度差異，亦
可從統合層級來理解，如圖4-3（見Cawson, 1986:79; 1989:
238）：

統合層級	組合層級	國家干預層級
大統合(macro- C.)	全國式層峰三邊組合	中央政府
中統合(meso- C.)	地區性利益組合	中央部會與部門單位
小統合(micro- C.)	廠商	中央部會與地方政府

(圖4-3：統合主義的垂直類型)

　　在經濟層面上，工會組織成員的水平式結構化與垂直式
層級化關係，決定了工會與產業資本家集體談判的權力層級
⑪，在政治層面上，依比例代表制產生的相應之左翼政黨的席
次多寡，亦決定了政策諮商的層級與內容⑫；相對地，國家機

器在階級勢力消長過程中，也必然因應於政經勢力的改變而
調整了政策干預的主被動立場與範圍。從低度統合至高度統
合，國家機器的權力行使面向亦隨之擴張：在產業政策上，
偏重於公共投資以創造就業機會；在利益整合上，進行統合
式階級協商⑬；在經濟導向上，強化外貿出口以凝聚同舟共
濟的國家利益；當然，亦因此深化了國家機器的權力集中與
控制程度⑭。

　　可以說，統合主義代表了國際資本主義體系的壓力下，
國家機器與社會階級間互動過程的產物，階級勢力與妥協程
度影響了國家角色的調整，國家權力的擴張亦在回應於社會
失控（ungovernable）的程度，試圖化解生產投資所可能引
起的通貨膨脹，與工資保障所可能引起的失業問題，以及伴
隨而來的政治影響⑮，如圖4-4：

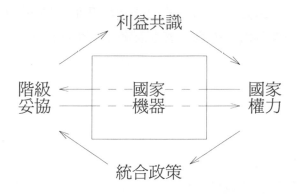

(圖4-4：統合主義的結構關係)

　　就階級的經濟關係而言，統合主義是一種利益中介的特定政策過程⑯；就階級的政治關係而言，統合主義是一種利益妥協的制度化結構⑰；就國家權力而言，統合主義是一種政經控制體系⑱；就國家機器而言，統合主義是一種階級妥協與合作的特定干預型態⑲。簡言之，統合主義的產生是建立在社會階級於政經過程中競爭與合作的共識基礎之上，將階級鬥爭轉化為階級妥協的一種制度設計，國家機器的角色則是負責生產過程的政治化協調、以及政治過程的行政化管理，亦即，「透過干預來重建與維持生產關係，致使國家機器的功能愈趨集中化，在增加勞資雙方代表進入制度化的衝突當中，國家機器亦因之相對地擴張」（Clark ＆ Dear, 1984:39）。

　　國家機器在統合政策當中所表現的強勢權力，可以從與之相應的「福利國家」獲其梗概：福利國家與統合主義正是六○年代以來先進資本主義國家若合符節地並存於政治運作型態的一體兩面，統合主義若是政治的生產面，那麼，福利國家便是政治的消費面⑳。在階級協商過程中，產業政策的合理分配必須借助專家階層的規劃與效率管理，才能達到利益整合的最適雙贏策略以化解外部經濟壓力，由專業化政策過程所表現的國家機器的行政管理，必然地要面對資本累積與政治正當化之間的取捨問題，也就是，逐漸強大的工會組織除了取得階級協商的經濟勢力之外，進一步在選舉過程中展現其優勢的政治投票地位，要求提高勞動條件（增加工資、減少工時、職訓教育等等）㉑以及社會給付（保險、失業補

助、退休年金等等），這些政策內容除了增加國家機器的組織分化與功能之外，也加重了國家財政負擔。因此，建立在階級妥協架構之上的福利國家，它的最大困境便是如何擴大稅源來化解財政危機，也就是「每一階級都必須考量其他階級的利益：勞工必須體認到可獲利性的重要，只有在獲利與投資的充裕情況下，方能確保未來的就業以及所得增加；至於資本家亦必須接受工資提高與福利給付的需要性，這些方能確保有效需求以及健康、訓練有素、安居樂業且快樂的勞工階級」（Offe, 1984: 194），統合主義式的協商傳統與架構，正好提供了生產過程的共榮互惠的運作根據，在這項社會共識之下，「福利國家加上高度的統合主義談判結構，更能獲致良好的經濟成就，高稅賦與社會給付亦相對地較不具政治爭議」（Wilensky, 1980: 192），統合主義與福利國家這兩種政策型態便在相互牽引的過程中（統合程度愈高，福利制度愈完整），使國家機器本身兼具了生產與分配的社會功能，成爲最大的雇主，這也正是「北歐典範」（the Scandinavia model）依然傲視於先進資本主義民主國家當中的主要理由。

　　那麼，這兩種制度設計又如何維繫其良性互動關係呢？首先，由這兩種型態所構成的政治過程之消費面與生產面，正好表現出社會階級對於國家機器的政治與經濟上的積極要求；其次，社會階級對於國家機器的要求是同時表現在社會資本的累積性與社會忠誠的正當性的要求上，要兼顧這兩種具有矛盾性質的動態過程，必須是建立在階級關係的轉化基

礎之上；再者，社會階級從對立關係轉化至妥協關係，最主
要的社會條件是生產剩餘與消費剩餘的儲存，也就是金融資
本的累積，使階級關係具備互利共存的經濟處境。因此，福
利國家的存在條件就必然是以社會資本累積、階級妥協以及
統合主義協商這三個環節所構成的生產面流通循環爲基礎（
資本累積是階級妥協的物質條件，階級妥協是統合主義的意
識條件，統合主義協商是資本累積的制度條件）㉒，也就是
說，福利國家事實上兼具著加速剩餘流通以及維繫政權的穩
定性這兩項功能，前者表現在生產式政策（如職訓服務、公
立教育等生產式投資政策，以及醫療、保險等生產式消費政
策），後者表現在補貼式政策（如失業救濟、老幼年金），
唯有在生產式福利政策的制度化前提下，或者說是有助於維
繫生產面流通循環的再生產關係之下，補貼式福利政策才得
以確立。從這項關係角度來看，福利國家的處境便呈現出動
態的理解風貌：

　　(1)最顯著的爭議焦點是財政負擔所引發的相關課題。福
利政策的推行必須透過預算擴張或項目轉移方式來支付，假
定預算擴張是建立在所得稅的基礎之上，就容易引發生產剩
餘剝削的效應，影響到產業的生產與投資意願而降低社會資
本儲存；若是建立在間接稅的基礎之上，就容易引發租稅轉
嫁的效應，抑制了市場消費的意願而減緩物質生產與流通的
速率；若是建立在保險基金的基礎之上，就容易引發強迫儲
蓄的效應，削弱了下層工農階級的實質所得內容而相對增加
生活消費的不平等差距；若是建立在債信擴張的基礎之上，

就產生了以債養債的效應，加速財政赤字的攀升而影響到經常性的公共支出；假定是以預算項目的轉移方式來支付，就產生了公共分配的排擠效應，影響到特定既得利益者的實質所得之獲取機會。可以說，福利政策本身就是一種具有取捨性質的分配課題，對高所得資產階級的偏好而言，最不能接受以所得稅來支付社會福利（其次是間接稅、項目轉移以及債信擴張方式），而傾向於透過保險基金方式（即自付費用原則），同時，福利給付對象也偏重於個別性與特殊性的「值得補助」對象，也就是殘缺式與恩惠式的國家補貼政策；至於低所得工農階級的偏好則呈現相反的訴求，並強調著普遍性與一般化的社會責任與完整的福利體系。福利國家的產生，主要便是在這兩種階級對立勢力的消長關係與妥協過程（尤其是勞資談判）當中成為一項政治課題，並且，依階級對立與國家機器的互動關係來決定出福利政策的分配項目、內容與給付方式，依此呈現出福利國家的動態性質㉓，如圖4-5：

(圖4-5：福利國家動態)

　　(2)從這項動態性質所表現的消長關係來看。在福利國家
的政策過程中，工農階級政經勢力的強弱是福利體系健全與
否的一項主要指標，形成以「補貼救濟──充分就業」爲兩軸
性質的程度不等之四種福利制度面向（參見本章註21圖示
）：補貼救濟的立場乃是依據「教他捕魚，不要拿魚給他」
（Don't give him a fish‧teach him how to fish）的市
場競爭原則，由家庭擔負極大部分的社會責任（例如失業、
幼老照顧），國家角色局限於依據資產調查所呈現之超出家
庭負擔能力之外的特定救濟對象，也就是在「市場→家庭→
國家」的社會角色互動關係當中採取一種以市場供應爲基
礎、以家庭責任爲重心、以國家補助爲輔佐的福利制度設計
（例如英國保守黨與美國共和黨）；介於補貼救濟與充分就
業之間的福利制度，則是以前項立場爲起點而呈現出兩條不
同的發展路線，第一條路延續前項制度設計，將國家角色擴
展至協助維持家庭的社會責任，以及一般性的救濟政策，也
就是在「家庭→國家→市場」的社會角色互動關係當中採取
一種以家庭責任爲基礎、以國家補助爲重心、以市場供應爲
輔佐的福利制度設計（例如歐陸基督教民主黨），至於第二
條路則是將焦點放在勞力市場的供需過程，國家角色轉移至
失業救濟與工資政策上，也就是在「國家→市場→家庭」的
社會角色互動關係當中採取一種以國家的勞動政策爲基礎、
以市場供應爲重心、以家庭責任爲輔佐的福利制度設計（例
如強調以廠爲家、終身雇用的日本）；這兩條路線的匯合
處，亦即同時採取救濟補貼與充分就業面向，便是福利國家

的體系化發展，也就是在「國家←→市場←→家庭」的社會角色互動關係中，由國家強勢干預勞力市場運作並進一步承擔了大部分的家庭責任，在勞動機會上推廣職訓教育與托育照顧，在勞動條件上明訂保險體系與工資保障條例，在勞動回饋上提供失業就濟與老幼年金㉔。這些有助於吸納更多勞動力（尤其女性勞力）以及提升勞動品質（專業勞力）的福利政策，放在統合主義協商架構之下，便顯現出生產與分配的關係流程：勞動力的增加以及勞動品質的提升致使生產單位持續其穩定且充裕的勞力供應，這些良質勞力所形成的社會儲存很自然地被工農階級的政經勢力引導到社會分配的標的上（例如瑞典模式）。

因此，富裕的物質社會乃是福利國家得以實現的一項處境條件，由階級關係的消長所呈現的福利制度在這項處境條件的影響之下，出現了所謂福利國家的危機（或矛盾）的爭議：60年代大量湧現的福利政策要求，強調著在富裕社會處境下的公民權利必須包含社會權利（社會財富的增長既然是全體公民的努力成果，一般公民便享有基本物質生活的權利）；70年代兩次油價暴漲所引發的成本推動式經濟危機，使社會儲存急速緊縮，國家的福利給付面臨到財政赤字的威脅以及有限資源的效率管理問題；迄至經濟情勢回穩的80年代，被削減的福利政策再度成為一項維繫著政權正當性的政治議題（參見Moran, 1988: 399-412）。福利國家的處境在這三個轉折階段上，呈現出兩項危機（或矛盾）含意：第一項是經濟蕭條之下的危機管制問題，也就是財政危機，在這

項處境下，福利政策一度被抨擊爲浪費資源、拖累整體社會的主兇之一㉕；其次是經濟回穩之下的管制危機問題，也就是正當性的危機，在這項處境下，福利政策被認爲是國家職責，階級對立所反應的資本累積與政治效忠的矛盾使這項職責呈現出潛在的「危機管制的危機」㉖。那麼，這兩項危機含意是否足以說明福利國家的前景？是基於效率管理的危機而趨於式微（如佘契爾主義與美國新保守主義所堅持的資本主義民主型態）？或是基於正當性的危機而日益擴張（如瑞典模式或是馬克思主義所堅持的社會主義民主型態）？在90年代後冷戰處境下，這些判斷似乎仍言之過早㉗。但是，福利國家的重分配政策對於市場機能的取代效果，則是有目共睹的。

這項特色可以分成兩個層面來說明。首先，從充分就業的意義來看，國家機器對勞力市場的干預具備了兩項效果：第一項是透過勞動條件與品質的提升來維繫國內市場的產能；第二項則是透過福利行政體系的擴張來吸納部分生產力以及產業預備軍。依這種凱因斯式福利國家路線所產生的效果，就是生產體系的去市場化，由國家機器部分轉化了原先市場機能所安排的雇傭關係，並承擔了部分雇主角色㉘。另外，就補貼救濟的意義來看，國家機器在市場分配之外所進行的重分配亦具備了兩項效果：第一項是以直接（如年金、救濟金）或間接（如學童免費午餐）的現金給付方式來強化市場需求；第二項則是透過福利行政體系與民間生產單位的契約關係（如全民健保營辦方式、特定消費合作社）來規範

市場需求。依這種社會統合式福利國家路線所產生的效果，就是消費體系的去市場化，由國家機器局部限制了原先市場機能所安排的供需關係，並深化了公私部門之間的控制紐帶。依照生產與消費層面所反映的上述四項效果來看，福利國家的去市場化程度即表現在國家雇用與需求規範的程度上㉙，就其政治意義而言，代表著國家機器的權力擴張以及進一步和工農階級取得了物質生活與意識認同的連繫。

第二節　後進國家的處境典範：官僚威權與民主轉型

相較於先進資本主義社會的國家角色調整是深受階級關係的妥協過程的影響，第三世界後殖民社會的國家角色則是在階級關係形成過程中，受到國際資本的牽制而產生轉化作用。這項處境差異的原因在於傳統封建社會型態被迫進行工業化發展時，所採取的時差性與階段性的策略要求所致，由於第三世界缺乏先進資本主義社會在發展過程中，以階級關係的政經影響所塑造的時序性歷史經驗，在面臨到國際資本主義於經濟、政治、乃至文化價值層面的整體壓力時（即經濟帝國主義、政治帝國主義、文化帝國主義的暱稱），國家機器必須扮演著有利於即速發展之選擇性策略的引導角色，同時也將各層面的既存矛盾關係匯集在國家權力的支配範圍之內，這種近似電療法（Perestroika）的策略發展模式，受到國家權力對既存矛盾關係的支配差異而呈現出不同程度的

效果，這些矛盾關係包括了傳統社會的階級關係、國家機器各項組織之間的內部關係，以及本土民間資本（民族資本家）、國家資本（國營企業）與國際資本（跨國公司）三者之間在資本累積過程中的對立關係。依這三項結構性的矛盾關係所架構的第三世界發展策略，許多研究方式是根據帝國主義、世界體系與依賴理論這三種理解模式的匯同焦點，當成思考前提：資本主義對殖民社會的剝削是建立在原料與勞力的廉價生產成本之上，利用相對提高的剩餘價值來加速宗主國的國際資本累積，另外，生產過程所實現的商品交換關係不僅使殖民地成為商品生產的主要原料供應地，亦同時成為宗主國大量次級工業成品的傾銷地，這項循環關係構成了核心─邊陲之間的不對等生產圈，在資本主義全球化的結構壓力下，殖民地資產階級及其所控制的舊制國家機器，遂近似於國際資本累積與商品交換過程的買辦㉚。

這種處境致使新興國家必須立即承擔扶植本土民間資本以推動先進工業化的策略角色，也就是在國際資本與本土民間資本之間架起具有民族意識的產業政策管道，國家角色在這項中介協調、乃至主導的過程中，所面對的不僅是經濟現代化的課題，也必然面臨新興本土資產階級政治參與的課題，這兩項因素是導致後殖民社會階級關係與國家角色在所處資本主義世界體系之下，相互影響而產生搖擺不定之發展路線的重要理由所在，官僚威權政體便是以國家機器為主導、進行全面控制以致力工業化發展的典型路線之一㉛。

七〇年代在阿根廷、巴西、智利、烏拉圭四國同時湧現

的官僚威權政體，先前均經過一段從舊式威權體制過渡到弱勢民主政權的發展經驗，在這段過程中，經濟型態是由掌握著農礦產出口部門的傳統鄉紳對國家機器與政策採取買辦式控制，轉移到以城市爲代表的新興工業資本家以及提供生活消費財的大衆部門所構成的初級本土民間資本的投資，透過扶植本土工業以及鼓勵本土消費財的市場擴張方式來增加大衆部門的生產所得㉜；至於這項政策轉移的政治影響因素，主要是表現在從舊式威權體制的有限參與管道、擴大到多階級聯合的民粹式參與型態。國家機器在這段轉移過程中的角色就是鼓勵先進工業化以提高產業生產力，這使得初級本土工業所缺乏的、以跨國公司所代表的人量資本與技術投資順利地從各項放任式產業政策中引進。但是，由多階級聯盟所構成的弱勢民主政權並無法有效居中協調本土民間資本與國際資本的投資分配比例㉝，以致形成由國際資本所主導的加工式消費產品的市場壟斷，不僅無助於本土民間資本的產業升級，也擴大了大衆部門生產所得的不平等差距；在這種無根基的工業化過程所產生的經濟困境之下，致使大衆部門相對提高了政治參與的要求，試圖以干預政策解決分配不均的問題，弱勢民主政權在無法滿足這項要求時所產生的政治危機，反而造成大量外資撤離而加深了經濟困境的惡化。原先在國家機器當中較具現代工業技術與效率管理知識的部分少壯派鎮壓機器與行政機器成員，遂聯合推翻弱勢民主政權，建立以技術官僚爲主體的官僚威權政體㉞。可以說，官僚威權政體的出現，在於旣存政權面臨到社會階級對立、政治黨派

分立，以及伴隨而來的經濟衰退：在保守的本土資本家、日
益壯大的大衆部門工農階級，以及依附於弱勢政權的中產階
級，這三者之間對於產業政策的投資與分配內容的要求趨於
對立；代表著這些對立利益的社會階級組織與政治黨派在決
策參與過程的衝突與決裂，致使弱勢國家機器癱瘓，加深了
派系分立；由放任式投資政策所引進的大量外資，在前兩項
處境之下，不僅無法有效轉移至基礎工業，甚且，國庫短缺
所引進的外債亦難以提供適當的融資政策與公共投資，致使
物價持續攀升以及大量失業同時湧現。是以，在黨派分裂、
產業政策趨於政治化的大選前後時期，由本土資本家、技術
官僚所支持的軍事政變於焉產生㉟。

依這種背景所建立的官僚威權政體，它的政治正當性的
取得乃是承繼先前政權對扶植本土民間資本並加速工業化的
努力、卻失敗的既定目標。由於大衆部門積極的政治參與所
間接導致的投資環境惡化，被本土資本家以及跨國公司視爲
是經濟危機的主因，官僚威權政體的首要策略便是由鎭壓機
器及其所屬的宣傳機器進行鞏固領導的政治控制，透過淡化
意識型態、封閉參與管道的方式，以達到淨化政治空間、冷
卻大衆參與意識的政治安定景象，倚之爲重整投資環境、吸
引國際資本的前提；同時，以鎭壓機器與行政機器爲主導的
權力集中過程，則是表現在工業技術與效率管理方式所進行
的經濟重建的步驟上，最具關鍵性的環節在於以國營企業爲
代表、由生產機器所推動的「火車頭」策略，於本土初級工
業與跨國公司之間扮演著推動工業基礎發展的角色㊱。這項

角色具有兩方面的重要意義：透過生產機器與鎮壓機器，在國營企業與本土初級工業之間取得了利益統合的關係，社會生產組織傾向於層級式的有限分化體系，分別擔負上下游工業的生產流程；以及，透過生產機器與宣傳機器，在國營企業與跨國公司之間取得以技術轉移來深化工業發展的經濟導向目標，對外經貿關係亦致力於國際分工層級的位階提升。至於國內上下游工業生產的分配，以及國際生產圈的產業層級定位，則是依據行政機器與生產機器共同運作的產業政策內容而異。

可以說，官僚威權政體的國家角色是由鎮壓機器所主導，並逐步伸展至其餘三個次級機器；國家權力的行使則是先進行政治控制與權力集中，並漸次擴延至利益統合、產業政策與經濟導向。這種以技術專家為主體、進行效率生產的國家機器，它的社會控制程度與法西斯式國家統合主義具有兩項重要差異：在經濟過程中，官僚威權政體保留了本土資本家在與國營企業之互存關係中的生產自主權，部分原因是來自本土資本家對先前軍事政變的支持，但是，這項自主權仍然隱含了隨著工業化深耕（deepening）過程所引發的經濟矛盾關係；另外，在政治過程中，官僚威權政體對政治意識的淡化以及政治參與的限制，使社會階級的政治意涵轉移到上層資產階級的利益聯盟，對大眾部門的「去政治化」效果，亦將隨著所得分配不平等差距的擴大而孕育出兩極化的階級對立關係。這兩項源自於社會階級關係，在面對官僚威權政體的國家機器的權力行使過程中，所逐漸顯現於經濟與

政治層面的影響因素，主要是受到國家資本主義型態的階段式發展策略所致，也就是由國家資本主導著本土民間資本與國際資本之間的銜接關係，或者說是由國營企業在民族產業與跨國公司之間擔任工業生產紐帶的角色㊲。在這項關係上，第一階段的進口替代工業化是透過國營企業與跨國公司的合作，來提供上游工業生產所需的資本與技術，進行農礦原料加工以供應民族產業生產社會生活所需的消費品，取代對外依賴的成品輸入，亦即以資本密集的生產方式引進外資來推動初級的勞力密集式工業加工；第二階段的加工成品出口導向則是透過國營企業與民族產業的生產合作圈進行生活消費品的量產，在跨國公司資本與技術的主導下，由特定出口區或經濟特區所生產的工業成品回銷至先進工業國家或其他較低程度工業化國家，亦即以勞力密集的加工生產方式承擔國際分工的中介層級角色。這項角色正好位居於核心──邊陲關係中的「成品─原料」生產圈的中繼站，以依賴發展（dependent development）㊳的方式推動工業化。然則，從資本與技術這兩項關鍵媒介的角度來看，國家資本主義在過渡到半邊陲階段時所面臨的矛盾，在於國營企業對國內基礎工業的市場壟斷致使民族產業的資本累積過程受到國家權力的限制，以及，跨國公司乃是依照國際分工體系對國營企業進行轉投資，工業技術的轉移亦必然受限於產業層級分配。

可以說，國內工業化深耕的程度是受到國際資本、國家資本與本土民間資本這三者之間利益分配關係的影響，由這種生產關係所形成的技術資本家聯盟（國際資本家、國家資

產階級，以及本土資本家），在加速資本累積以進行工業發
展的過程中，必須持續其有效的生產投資，方能維繫該聯盟
利益於一致，因此亦擴大了與大眾部門之間的所得分配差
距。這項經濟立場的矛盾關係意涵了三種相關層次的利益衝
突：(1)就社會階級關係而言，大眾部門工農階級的所得分配
受到民間資產階級與國家資產階級之間政策分贓的聯合壟
斷，隨著工業化過程而擴大相對不平等，造成這種經濟地位
懸殊的政治因素是來自鎮壓機器對工農階級的政治控制，以
及生產機器對上層階級聯盟的利益統合㊴；(2)就國家機器內
部組織而言，由鎮壓機器與生產機器所分別主導的不同權力
面向，在引進外資進行工業化深耕過程中，將隨著資本國際
化的壓力促使官僚威權政體的重心從權力集中逐漸移至經濟
導向，引發國家機器內部的功能消長與利益對立；(3)就國家
機器的角色調整而言，前述權力面向的轉移，一方面突顯了
國家資本主義與資本國際化之間的立場矛盾，使國家資本與
本土民間資本的潛在利益對峙受到外資壓力而改變產業政策
內容，同時，相對於生產機器的調整，弱勢的鎮壓機器亦逐
漸喪失對大眾部門工農階級的政治控制力量，先前受壓抑的
政治反對勢力亦隨著經濟發展而再度興起㊵。

　　這三種相關層次的利益衝突，可以說是工業化過程的一
種結構性的矛盾關係的連鎖反應：(1)由國家機器所維繫的上
層階級利益、以及再現的大眾部門的組織化利益，兩者之間
的階級式利益對立關係引發了對於產業政策調整的政經參與
要求；(2)這兩項要求突顯了國家機器內部以鎮壓機器為主體

的保守勢力、以及以生產機器爲主體的改革勢力，兩者之間潛在的立場與利益的矛盾關係，使國家權力趨於分散與弱化；(3)逐漸弱勢的國家機器爲了持續維繫以經濟發展爲號召的政權正當性，相對也加深了對國際資本的依賴，在資本國際化的壓力下，外資對經濟市場的自由化要求除了有利於本土民間資本的生產投資之外，亦間接瓦解國內政治控制，形成有利於大衆部門政經參與的政治機會結構⑪；因此，(4)大衆部門政經參與的擴大，亦將更爲突顯國家機器內部的利益衝突與角色矛盾，形成政治動員與反動員的鬥爭，這項鬥爭即表現在以左翼政黨爲主導的大衆部門工農組織、以國家生產機器爲主導的國家資產階級，以及由本土民間資本與國際資本合作關係益趨密切之下的私人資本家，三者之間的利益衝突與協商過程中，使官僚威權政體走向決裂式轉化（transition from rupture）或協商式轉化（transition from transaction）之路⑫。呈現於上述循環過程的官僚威權政體的興衰因素，它們的結構關係如圖4-6：

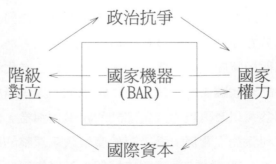

(圖4-6：官僚威權政體的結構關係)

　　那麼，協商式轉化的民主轉型過程是否足以消除國家壟斷的現象？抑或重組一道新式政經壟斷紐帶？這項質疑主要是針對著國家資本主義的處境及其具體顯現的國營企業轉移過程而言⑭。在處境關係中的「共有」意涵是透過生產式國家機器的權力行使在主控著政經生產體系的運作，這項被「看得見的手」所操作的生產體系成為市場機能當中的最大獨佔者，以「國有」（或「官有」）的方式表現出與私有生產體系相異的經濟活動。基於這項處境差異，在「共有」與「私有」之間至少呈現出兩組關係：「共有」與「國有」的對立關係，以及「國有」與「私有」的對立關係。

　　「共有」與「國有」的區別在於媒介體的自主與否，假定該媒介體的經營者依據共有者之意願為意願、依據授權所要求之處分為處分，則此一媒介體即表現為共有者之共同工具，「共有」的意涵即同時包括了共有者對共同工具的最終支配、以及透過經營者之處分所獲得的利益共享；相對地，一旦經營者的久任因襲致使經營者與媒介體之間發生結構化效應而取得其相對自主地位（參見第五章第三節），依此地位所表現的程度差異遂扭曲、甚或取代了共有者的意願，成為經營者自為的生產工具，它的生產利益亦表現為經營者的私利。這項區別說明了各種官僚化組織在現實處境當中，依生產與交換的雙重關係所構成的一項重要困境：在生產關係上，經理階層的自主程度影響到公司股東的分紅利潤，工會組織的自主程度影響到基層成員的勞動訴求，同樣地，國家機器的自主程度亦影響到公民全體的共同利益；在交換關係

上，經理人對產品生產所決定的流通循環影響到交易廠商的利益分配，工會代表對勞資談判的決定籌碼影響到勞資雙方的利益分配，同樣地，國家機器成員對生產體系的控制程度亦影響到相對之產品流通對象的獲利與否。也就是說，媒介體的自主程度不僅表現出原初共有者逐漸失去其最終支配權利，也表現出共同利益逐漸轉移至經營者與其所決定之相對交換者的利益分享，因此，國營企業本身就不是以全體公民為股東所能共同支配與共享利潤的單純媒介體，而是由國家機器成員所支配、以及和相對應之利益交換對象所分享的一項自主生產體，那麼，依共有資本的名目所取得的國家資本就脫離了共有者的直接控制與分享，成為國家機器的生產資本，按照政經利益交換關係來決定其商品流通循環與剩餘分配。就此觀點而言，「國有」更近乎是「間接的」私有（或者說是國家機器的獨佔），在形式意義上，國家機器各項組織是公民共享的「公器」，在現實意義上，則是由特定政經關係在逐行其利益生產與分配下的「公器私用」，形成依附於國家機器（直接受惠於國家資本，或間接受益於交換特權）的新貴階級㊹，官僚化程度愈高，即表示經營權對所有權的取代程度愈大，那麼，新貴階級的利益交換亦愈緊密，透過國家機器的權力支配來進行共謀私利的官僚腐化現象遂屢見不鮮㊺，以生產式國家機器所主導的經濟計劃正好提供了私利互惠的「合法」（legalized）分配管道，以宣傳式國家機器所提倡的共有共享原則正好為此一實然私有的「國有」賦予了「正當」（legitimated）的「共有」名號。官僚威權政

體由於具備了高度官僚化的組織型態，對社會的權力支配程
度較大，掌握的資源也較多，一旦政經獨佔體系發生鬆動，
原先潛存的私利互惠關係便一一浮上檯面。

從經營權的獨佔性質來看，民主轉型的政經趨勢同時包
含了經營權的開放以及所有者對經營權的直接控制這兩個階
段。經營權的開放指的是政經獨佔體系邁向自由化的一段解
構過程，在政治領域上確立公民權利的基本保障，在經濟領
域上解除商品生產的特定限制，也就是先前依據「國有」性
質所規定之排他性的政經特權，透過黨派協商程序使社會其
他成員（個人及團體）獲得相對的自主經營權（即個人的人
身自由與財產處分，以及團體的志願結社與生產活動等權利
保障），政經體系由此具備了自由競爭的基礎；至於所有者
對經營權的直接控制，則是在這項自由競爭的基礎上，使政
經體系邁向民主化的一段建構過程，在政治領域上實現公民
參與的選舉管道，來定期監督經營績效，在經濟領域上實現
國營企業的民營化轉移，來自行決定經營方針，也就是使自
由化過程中所殘留之特定經營者的官僚獨佔權力回歸到所有
者的支配管轄之下。可以說，民主轉型的政經趨勢是由多元
並立的經營權（競爭）以及所有者對經營權的控制（參與）
這兩項步驟所構成的政治生產體系（權力分配的協商過程）
與政治交換體系（權力分配的授與過程）的開放，以及經濟
生產體系（利益獲取的競爭過程）與經濟交換體系（利益獲
取的選擇過程）的開放，同時進行政治權力與國家資本的市
場化改革。那麼，從經營權的重組來看，先前的國家獨佔體

系在民主轉型過程中可能會產生兩種截然不同的政經型態：
國家資本的民營化過程可能分別走向共有自營或私有自營的
路線，在經營權與所有權合併的基礎上，政治權力的競爭形
式亦分別表現出資本主義式民主或社會主義式民主，如圖4-
7：

(圖4-7：民主轉型的政經趨勢)

　　這兩條路線的差異，在於自由化過程的權利保障是一種
形式機會、抑或進一步確立其實質利益，以及，民主化過程
的制度重建僅止於政治層次、抑或擴及至經社層次㊻。假定制
度重建在於提供經營權之取得與支配的可能空間，那麼，具
備著競爭優勢的政治精英以及資本家，在政經獨佔體系解組
過程中獲取實質利益的機會也相對提高，不平等分配的分贓
結局亦可預料，走向私有化之路的資本主義民主過渡期間的
金權掛勾勢難免除。這項問題在理論上當然可以透過合理的
協商程序賦予公民在「國有」轉移（或稱之為「拍賣國家
」，selling off the state）過程中享有實質權利（亦即讓所
有者直接支配經營權）來加以化解㊼，然則，現實的處境問題
並非是「依據何種原則」來決定，而是「誰在決定」，也就

是由形成困境的關係因素在決定著可能的走向⑱。

　　協商式民主轉化的穩定性即在於它的成本觀念，經營權的開放與轉移是由進入協商過程的政經勢力代表採取較低成本或／且較大效益的妥協方式所達成，暫時性的制度形式便是持續妥協下的產物，依照協商代表的政經勢力消長而異。因此，經營權的重新界定過程是在抗爭與妥協的雙重互動關係下，逐步呈現其動態性質：第一階段互動所達成之形式意義的開放，在於反對勢力的抗爭以及所屬溫和派與當局改革派所達成的政治與經濟自由化協議；第二階段互動所達成之形式意義的轉移，在於改革時間表以及公民對經營權的持續參與要求所達成的政治民主化與國營企業民營化，也就是資本主義民主的實現條件；第三階段互動所要獲取的實質意義的開放，在於公民對所有權之抗爭要求所達成的制度化社會權利，也就是福利國家的社會改革目標；最後階段才可能達到結合著所有權與經營權之實質意義轉移的共有自營理想，即社會主義民主。也就是說，在新舊政經勢力的協商過程中，從形式意義的「國有」邁向實質意義的「共有」，中間必然會通過「私有化」步驟，使個別所有者享有同等機會獲取所屬經營權。那麼，在同等機會的實質獲取過程中，新式政經壟斷紐帶便依循著協商對象的階段式妥協條件而逐步突顯出來：(1)在政治層次上，國家權力的開放對於反對勢力溫和派與當局改革派而言，就是以激進派的利益要求與保守派的利益保障為代價所取得的協議，新舊勢力的重組過程不僅使協議雙方同時獲取了彼此陣營當中的最大利益與代表性，這些

重組過的新式領導階層挾其社會聲望進一步在國家權力轉移
的選舉過程中獲得經營權的重新認可（或是由改革派持續握
權，或是由在野溫和派接掌）。可以說，從威權政體走向自
由化的互動過程中，主要是激進派與保守派之間的對立鬥
爭，從自由化走向民主化的互動過程中，則是溫和派與改革
派之間共謀其利，誰能在各自陣營中制伏異議聲浪，誰就是
新的政治經營者；(2)在經濟層次上，經營權的開放對於本土
民間資本家與跨國公司而言，就是以大眾部門的生產空間與
國營企業的利潤獨佔為代價所取得的協議，這些新興資本不
僅具備巨資量產的規模，在國際資本的科技資助下，新產品
無論是價格與品質都必然取得優勢競爭力，使大眾生產部門
面臨市場淘汰與企業購併，同時，在國營企業的經營權轉移
過程中，這些擁有龐大資本與科技的新興企業體也必然具備
更優勢的接收條件，形成新型態的市場壟斷㊾。可以說，經濟
自由化過程中的最大獲益者，乃是結合著國際資本與本土民
間資本的新興資本家，國家資本亦隨著民營化過程而讓售給
這些新興企業體，經營權的最終決定者依然是資本與科技；
(3)就政經互動關係而言，在經營權開放過程中，舊式階級對
立關係依據協議效應而分化成代表大眾部門的激進派、代表
本土民間資本的溫和派、代表生產式國家機器的改革派以及
代表鎮壓式國家機器的保守派等四種陣營，在和政治自由化
相伴隨的經濟自由化與資本國際化過程中，這些陣營的矛盾
屬性使國際資本獲得介入協商的空間而影響政經體系的轉
型，一旦政治民主化過程是由在野溫和派取得經營權，可預

見的結果將是「拍賣國家」來重整經濟處境。因此，本土民間資本與國際資本爲其自身的生產空間以獲取更大的利潤與累積的目的，必然會積極介入這兩段轉化過程，在自由化過程中使階級關係具備互利共存的物質處境（如第三章第二節所述），在民主化過程中使新興資本主義民主充斥著資本流通的軌跡，塑造出反映著私利競爭的「政治市場」型態。可以說，身處於資本國際化壓力下的後進國家資本主義體制，正逐步邁向先進國家商品政治的後塵。

註　釋

①這種現象可以從許多有利於勞工階級的重大政策時間表，來佐證說明。經過19世紀中葉的勞工運動風潮之後，勞動條件的初步保障以及普選制，才陸續被確立。值得注意的是，工運抗爭愈激烈的國家（德、法），勞工的政經條件的保障愈早被確立，例如：工業意外給付（德，1871）、健康醫療保險（德，1883）、退休金（德，1889）、失業救濟（法，1905）、男性公民普選（法，1848）。以OECD國家成員來看，這些先進資本主義民主國家對勞工保障的政策改革時間表如下：

	意外給付	醫療	退休金	失業救濟	男性公民權	一般公民權
比	1903	1894	1900	1920	1894	1948
荷	1901	1929	1913	1916	1918	1922
法	1898	1898	1895	1905	1848	1945
義	1898	1886	1898	1919	1913	1946
德	1871	1883	1889	1927	1871	1919
愛	1897	1911	1908	1911	1918	1923
英	1897	1911	1908	1911	1918	1928
丹	1898	1892	1891	1907	1849[a]	1918
挪	1894	1909	1936	1906	1900	1915
瑞典	1901	1891	1913	1934	1909	1921
芬	1895	1963	1937	1917	1907	1907
奧	1887	1888	1927	1920	1907	1919
瑞士	1881	1911	1946	1924	1848	1971
澳	1902	1945	1909	1945	1902[a]	1902[a]
紐	1900	1938	1898	1938	1879[b]	1893[b]
加	1930	1971	1927	1940	1920	1920
美	1930	--	1935	1935	1860b	1920

a:附帶嚴格條件限制　　b:僅開放給歐裔白人　　（參見Pierson,1991:108-11）。

②Polanyi即認爲,「19世紀的文明乃是建立在四種制度之上:霸權均勢,國際金本位,自律市場,自由主義國家。……金本位制的源頭與母體是自律市場,……金本位制只不過是企圖將國內市場制度擴充到國際領域上的一種制度,霸權均勢制度則是金本位制的上層建築,……自由主義國家則是自律市場的產物。……國際金融的動機是圖利,欲達到此目的,必然要和政府保持良好關係,……最後總是以戰爭來決定商業法則,……國際金本位制的崩解,是20世紀以來世界組織解體與30年代文明轉變之間的無形連帶」(1957: 3, 11-12, 20)。由國際金融體系所牽動的30年代全球經濟大恐慌的連鎖反應,促使資本主義國家紛紛採取政策干預方式來維護國內市場運作,國家干預式資本主義的社會型態亦告確立。

③國家干預的問題,在當時曾引起截然不同的討論。對馬克思主義經濟學者而言,30年代經濟危機正是資本主義邁向終結的前兆,建立在剩餘剝削之上的資本累積最後瓦解於剩餘不足,市場經濟的商品邏輯中止於生產停滯,資本家對勞工階級的壓榨亦成爲資本家階級的喪鐘,國家機器的補救方式只不過是延遲其壽終正寢的時段罷了。相反地,經濟自由主義者是將國家干預當成資本主義走向社會主義的門檻,國家角色不僅代表著資本主義自行解體而朝向社會主義民主之路(如Schumpeter),甚至可能(或必然)是放棄個人自由、通向奴役之路(如Hayek)(參見Bottomore, 1985:46-53)。

④Heibroner對凱因斯主義作了如下的評價:「凱因斯經濟政策對資本主義政治的最終影響何在?政府干預……在當時是一種穩定經濟的力量,也是緩和政治動盪的力量,……甚至在諸如瑞典等國家,最低所得分配與社會福利政策均已引進,其〝社會主義化〞的目標一直在考驗著自由主義式資本主義的極限性,但並未跨越到革

命式的後資本主義社會的不確定地帶。在另一個世界，保守主義的轉向至為明顯。一旦有效的凱因斯政策抑制了通貨膨脹，那麼，政府的反通貨膨脹政策的受害者就不是資本，而是勞力。因此，雖然凱因斯政策已被拋之九霄，它所產生的效果似乎更加強化了──而不是抑止──資本利益，也因此有利於保守主義者──而不是激進主義者──的政治目的」（1993:88-9）。

⑤主流經濟學派（以及與之相對應的社會多元主義）認為科技發展所帶動的消費型態與社會分化，會產生階層流動以及就業機會的增加，必然瓦解傳統社會的異質結構（如身份、階級），使現代處境趨於同質，呈現出以自願結社為基礎的多元式團體型態，社會成員的條件與機會均可以在長期發展之後達到平等；但是，這種樂觀的意識型態卻忽視了市場壟斷所造成的相對差異問題，同時，勞工階級亦不全然被收編到一般產業結構當中。因此，市場壟斷以及勞工組織力量的興起所形成的勞動權利意識，使國家在社會分配過程中，擔負了更沈重的化解通貨膨脹與提高就業機會的兩難角色，以及該項困境所意涵的政治勢力衝突的協調，這使得先進工業民主國家逐漸走向分歧之路（參見Goldthorpe, 1984:315-7）。這道雙元政治之路，主要是表現在這兩個面向：(1)福利國家的擴張，由國家取代市場來進行資源分配的程度；(2)自由放任主義或保護主義的選擇程度（參見Keohane, 1984:18）。從干預的角度來看，Weir及Skocpol認為，這乃是受到國家結構差異的影響，而分別走向商業凱因斯主義與社會凱因斯主義的發展結果（參見Weir ＆ Skocpol, 1994: 359-62）。事實上，多元主義與統合主義的處境差異，最大的因素在於階級關係與國家機器互動程度的差異，階級關係之政經互動的強弱程度使國家機器的角色也隨之消長，美國社會的階級對立

之所以不明確，並不是沒有相對的工農階級，而是沒有「為己階級」（參見第2章註29以及第5章註24），如上圖（4-1）流程所示，先進國家的後續發展最多只是策略選擇的不同，並不是性質上的差異。

⑥從農業社會過渡到工業社會階段所產生的階級對立問題，乃是統合主義國家最先面對的轉化課題，統合主義協商架構對國家機器而言，就是透過政治力量（而不是國內外市場）來調整經濟步調（參見Williamson, 1989:42；至於這項協商架構的歷史起源，參見Kat-zenstein, 1985: 137-8,154,157,168-70,174,186,189），另外，分裂式社會文化在比例代表制的保障下，亦深化了利益妥協的經驗。

⑦大部分著名的統合主義觀點，均將統合主義國家所表現的協商程度，區分成這三個層次：

	Wilensky	Schmitter	Lehmbruch	Schmidt
高度統合	比利時 荷蘭 挪威、瑞典 法國 芬蘭 奧地利	奧地利 挪威 丹麥 瑞典 芬蘭	荷蘭 挪威 瑞典 奧地利	奧地利 挪威 瑞典
中度統合	義大利 丹麥 德國 瑞士	荷蘭 比利時 德國 瑞士	瑞士 芬蘭 丹麥 德國 比利時 愛爾蘭	比利時 丹麥 芬蘭 德國 荷蘭

(續上頁表)

	Wilensky	Schmitter	Lehmbruch	Schmidt
低度統合	英國 加拿大 愛爾蘭 美國	加拿大 愛爾蘭 美國 法國 英國	法國 義大利 英國 加拿大 美國	英國 加拿大 法國 愛爾蘭 義大利 美國

⑧「統合主義由國家角色開始討論，並從團體與國家的關係來界定團體的利益，……最通常的看法是將統合主義的意義放在利益與統治機器的關係上來考量」（Chalmers, 1985:57-8）。

⑨最早期、也是最簡單的看法，是將統合主義依權力關係分成威權與民主這兩種型態，例如：（舊）統合v.新統合，國家統合v.民主統合，國家控制v.團體控制等等。這項差異是在對比出先進工業民主國家所採行的統合主義特性，來和兩次大戰期間法西斯主義及後續的葡萄牙（1933-74）與拉丁美洲官僚威權式統合等型態，劃清界線（參見Williamson, 1989:34-5）。

⑩依照社會統合層級以及利益組織成員內部控制的程度，Schmitter區分出四種組合型態：

	統合層級(高)	統合層級(低)
組織 內部　　(高) 控制	瑞典 奧地利 芬蘭、挪威 比利時 丹麥	義大利 英國

(續上表頁)

	統合層級(高)	統合層級(低)
組織 內部　　(低) 控制	荷蘭	西德 愛爾蘭 瑞士 法國 加拿大 美國

(參見Schmitter,1981:297)。

⑪以OECD歐洲國家成員爲例，個別表現出不同的談判層級（參見 Michie, 1994: 88-9）：

	大統合	中統合	小統合
瑞典	絕大部分	————	後續協商
挪	絕大部分	————	後續協商
芬	絕大部分	————	後續協商
丹	一部分(60年代)	主要場合	————
荷	不明顯	絕大部分	————
比	主要場合	一部分(80年代中期)	————
奧	國家協調	————	————
愛	70年代前及90年代後	70～80年代	————
西德	不明顯	絕大部分	————
瑞士	後續協商	一部分	主要場合
法	————	絕大部分	————
義	75～86年	75年前及86年後	————
西	————	主要場合	80年代漸增
葡	————	主要場合	工會v.大公司
希	僅工資限制	————	漸增(88年起)
英	————	漸少	80年代漸增

至於內部利益組合，如下：

	工會水平控制	工會垂直控制	雇主
瑞典	強傳統，藍白領漸分	強	單一聯盟
挪	強	強	單一聯盟
芬	單一聯盟，強	強	三個強勢集團
丹	三聯盟，溫和	溫和	製造業強勢
荷	二聯盟，溫和	趨強	多峰協調
比	三聯盟，政治分裂	弱	多集團，弱
奧	很強	很強	單一聯盟，強
愛	單一聯盟	溫和	單一聯盟
西德	單一聯盟	強	強
瑞士	四聯盟，弱	弱	很強
法	四聯盟，政治分裂	弱	三集團，適中
義	三聯盟，溫和	趨強	單一聯盟，區域較強
西	二聯盟，政治分裂	很弱	77年建立國家保護
葡	二聯盟	不協調	三集團，75年重組
希	單一聯盟，溫和	弱	弱
英	單一聯盟	無權	單一聯盟，無權

⑫OECD歐洲國家成員左翼政黨得票率：

%	最近大選(迄1987)	前三次平均	易動
瑞典	50.1	48.8	+1.3
挪	46.9	45.5	+1.4
芬	37.7	42.1	−4.4
丹	46.6	48.5	−1.9
荷	35.1	35.2	−0.1
比	29.4	28.5	+0.9
奧	43.8	50.7	−6.9
西德	45.3	43.6	+1.7
瑞士	23.7	26.8	−3.1

（續上頁表）

%	最近大選(迄1987)	前三次平均	易動
法	42.9	49.5	-6.6
西	47.9	46.1	+1.8
葡	39.4	52.0	−12.6
希	57.5	40.3	+17.2
英	31.3	35.5	−4.2

（參見　Pierson,1991:172）。

⑬一般而言，統合主義具有兩大理論取向，即勞資階級的利益中介（
　以Schmitter爲代表）以及政策過程的協商（以Luhmbruch爲代表
　），儘管對協商方式的理解有異，最基本的協商內容則是相同的，
　階級協商的第一項課題即是充分就業，「在面對經濟危機時，維持
　充分就業的最主要機器就是以凌駕市場的方式來安排勞動市場，
　……包括協助私人企業重整，以及職業訓練、公共雇用等國家支付
　項目」（Therborn, 1987:279）。

⑭Jessop即認爲「（統合主義）國家是一種政治代表與國家干預形
　式的制度化複合體，這是指國家型態可以依照這兩項形式的不同表
　現來進行辨別。這種（統合主義）途徑有幾項優點，依據供需的媒
　介以及累積與宰制的維繫，提供了一種方式來檢視國家、社會與經
　濟之間的關連性。當我們考慮到國家的社會基礎時，這種方式是極
　有幫助的。……同時，也提供了有效概念來分析國家的結構危機。
　由於它強調著國家的混成特徵，因此有必要考慮多種不同的政治代
　表與干預形式中的宰制與從屬的類型，以助於區別出法西斯主義與
　社會民主政權的統合主義差異」（1990:118-9）。當然，國家干預角
　色是否積極且主動地介入階級協商過程，亦有學者提出質疑，Regini

即表示「新統合主義論述高估了協商過程的國家角色，……許多討論不僅是在描述特定歷史內容時誇大了國家角色，更且是用這種方式發展出理論陳述」（1984:127）。

⑮對階級關係而言，可能產生組織授權的矛盾，致使政策諮商與執行過程發生脫節，以及勞資雙方不穩定的共識基礎；對國家官僚而言，可能產生政黨勢力與國家機器的權力矛盾，以及衍生出資本累積或政治正當性之間取捨的困境。

⑯Schmitter即認為，統合主義是一種利益代表體系，它的構成單位被組織成單一的、強制的、層級有序的，且功能分化的範疇，由國家予以承認或特許它們在交換過程中具有某程度的獨立協商，使它們能夠掌握彼此的供需狀況（參見Schmitter, 1974: 93-4）。

⑰Cawson即認為，統合主義是一種特定的社會──政治過程，這當中的組織表現出利益獨佔的功能來和國家機器進行政治交換，獲取有利的政策產出（參見Cawson, 1986: 38）。

⑱Winkler即認為，統合主義式國家干預的邏輯完全異於凱因斯式干預政策，不僅是在穩定經濟環境，使市場過程持續正常運作，更且，統合主義國家試圖直接控制內部決策以及工會談判過程（參見Winkler, 1977:82）。

⑲Jessop即認為統合主義是一種國家型態，或者是政治代表與國家干預的特定組合體。代表是透過公共〝合作〞體系來中介，依照分工過程的功能基礎所構成；國家干預則是透過這些形式上可接受的相同合作方式以及／或者行政組織而產生（參見Jessop, 1990: 107,120）。

⑳統合主義是關注於物質生產的政治過程，即關於私有部門的獲利能力、投資與基礎工程等；福利國家則是關注在物質消費的政治過

程，即社會消費財的集體供應。「前項領域的政治是由合作的功能
團體與國家組織之間的談判關係所控制，……在階級與生產部門的
利益當中所發生的合作範圍內，生產的政治過程是由統合式政治所
控制。在消費的政治過程中，它的結構基礎在於消費範疇以及知識
或技術階級的關係（依專業化或管理化的方式）」（Cawson,
1989: 248-9）。

㉑以階級之政經關係的互動來說明福利國家的起源，就是勞工階級動
員模式，或俗稱的瑞典模式，它的重要論述是：國家是一項反應出
階級權力衝突與分配的制度，由勞資妥協、勢力均衡過程的政經影
響當中產生福利國家政策。當然，經濟成長以及高齡人口增加所產
生的客觀條件與需求，亦可以形成福利國家政策（即工業主義邏輯
的模式），最重要的因素仍然是在社會層級的談判以及左翼政黨勢
力的強盛（參見O'Connor & Brym, 1988: 48-50,64），這項理由可
以從統合程度與社會福利支付程度的對應關係來闡釋，勞工階級的
政經勢力與國家對充分就業和社會支付的作用具有必然的關係（
參見Pierson, 1991: 186; McGrew, 1992: 91）：

高 (充份 就業)	強勢干預式WS(I)	充分就業式WS(III)
低	柔性補貼式WS(II)	市場取向式WS(IV)

(I)：瑞典、挪威、芬蘭、奧地利；
(II)：比利時、丹麥、荷蘭、西德、愛爾蘭、法國、義大利；
(III)：瑞士、日本；
(IV)：英國、加拿大、美國、澳大利亞、紐西蘭。

㉒依這項理解方式，就可以同時涵蓋註21提及福利國家起源的經濟成長模式（社會福利函數）以及階級關係模式。

㉓福利政策的起源可追溯至德國19世紀中葉俾斯麥政策，爲了冷卻當時的勞工運動而因應的特定社會政策，這種福利觀點與二次戰後民主國家普遍採行的福利國家政策具有根本性質的差異，可以從「階級─國家機器─福利政策」這項結構因素的關係來理解。早期的福利政策是依循著「國家機器→福利政策→階級淡化」這條理路，目的在防止勞工階級抗爭，以強化國家機器的控制能力；至於當代福利國家則是依循著「階級抗爭→國家機器→福利政策」這條理路，從英國工黨執政的福利政策開始，凡左翼政黨掌權的國家（或時段）均採取了一定程度的廣義福利國家政策（或稱之爲凱因斯式福利國家、福利資本主義或福利國體制，而不是特定性質的所得轉移、社會服務、房屋津貼等個別項目的零星式福利政策），可以說，階級的政策過程（從自主工會到左翼政黨）乃是福利國家得以產生的最主要因素。Shalev即認爲「福利國家是一項階級議題（對勞工而言，這是在階級衝突之分配範圍當中追求自身利益的一項管道），同時，福利國家的形成與成長（或限制）則是勞工運動對於國家機器之政策過程進行控制，依其（控制）程度所限定出的一項政治過程」（1983:31）。

㉔學者們曾針對現存福利國家實現方式的差異，提出著名的理解類型。Titmuss認爲，補貼式福利模式（residual welfare model）是建立在市場與家庭的自然供應過程上，福利政策僅止於臨時的救急之需；產業成就績效模式（industrial achievement-performance model）是依據工作激勵與生產力提升的觀點而推出福利政策；制

式重分配模式（institutional redistributive model）則是著眼於社會整合，依需要原則而提出市場供應之外的一般福利。另外，Esping-Anderson依據「國家—市場—家庭」的不同倚重方式，提出三種福利國政體：自由主義式福利國（liberal WS）是建立在市場供需基礎之上，例如美、加、澳等國的福利制度；保守主義式福利國（conservative WS）是建立在天主教家庭倫理觀念之上，例如奧、法、德、義等國的福利制度；社會主義民主式福利國（social demo-cratic WS）則是建立在一般公民的社會權力（或國家義務）的原則之上，此即北歐諸小國所採行的瑞典模式。至於Therborn及Pierson的理解類型，則是依據充分就業與救濟補貼這兩條線索來區分，如註21所示，這項觀點可以進一步指出階級政經勢力的動態，也是正文所採取的理解方式（以上參見Pierson, 1991: 184-7; Esping-Anderson, 1990:26-9, 222-3）。

㉕如1980 OECD年度課題便是「危機中的福利國家」，當時因全球景氣低迷的普遍影響，先進國家面臨的財政赤字壓力均將矛頭指向福利政策；然而，如Esping-Anderson所言，基於財政負擔的反彈所轉嫁的危機討論「並不是預算給付本身出了問題，而是階級關係的矛盾所引發的」（1990:33）。亦即先經過一段階級動員的壓力，福利政策才被迫緊縮，如下圖所示：

國家	反彈癥兆	緊縮	民眾反應
瑞典	1976右翼政黨上台，1982左翼政黨奪回政權，統合主義出現矛盾。	1981-2(右翼政府)削減轉移給付，但增加幼童津貼與失業補助。	1970末期對WS的支持下降，80年代起回升。

(續上頁表)

國家	反彈癥兆	緊縮	民眾反應
芬	主要政黨均有 WS 共識	1977(社民黨政府反對)重新調整福利政策。	1975-80 對 WS 支持下降，80 年代起回升。
挪	70 年代抗稅黨成立，81 年右翼政黨上台。	1980-1(社民黨政府)削減轉移給付，隨後的右翼政府沿之。	1973 對 WS 支持大幅下降，80 年代起回升。
丹	1973 抗稅黨成立，1982 右翼政黨上台並連任，政黨之間對 WS 共識降低。	1980(社民黨政府)削減轉移給付，隨後的右翼政府沿之。	1973 對 WS 支持下降，隨後回升（1984的支持度最高）。
英	1979 保守黨上台，開啓 WS 的意識型態爭議(即佘契爾主義)。	1980 保守黨政府持續削減轉移給付。	1979 年以後偏向社會改造，83 年起偏向減稅。
西德	1982 基民黨上台，續任。	1975 社民黨政府削減轉移給付，基民黨沿之，1985 年小幅擴張。	1978-83 對 WS 支持下降，84 年回升。
義	WS 成爲黨派意識型態爭議，白領階級動員抵制。	1978 聯合政府削減福利預算，81-83 年幅度最大。	1978-82 對 WS 的支持小幅滑落。

(參見Pierson, 1991:174-6)。

㉖Offe用經濟體系、政治體系及規範體系這三個簡要範疇來說明「危機」（或矛盾）的結構性質：經濟體系與政治體系的關係是如何吸取財政收入以及如何維護市場調節，政治體系與規範體系的關係是如何獲得大眾效忠以及如何提供社會福利。政治體系爲了兼顧財政收入與大眾效忠，必然會面臨到社會福利對市場運作的排擠效

果，產生資本累積與政治正當性之間的矛盾，而呈現出政治體系本身的管制危機。這三個層面的潛在矛盾（即累積危機、正當性危機，以及對這兩項危機加以調節所產生的管制危機）正是晚近福利國家的結構困境（參見Offe, 1984:52-61, 125-9）。

㉗後冷戰時代的一項政經特色，就是國際新秩序重建下的軍產複合體處境，東西陣營的關係正常化致使龐大國防預算失去持續擴張的理由，這些可能被部分釋出的巨額預算，似乎正表示著福利政策仍有伸展空間；與這項趨勢相對的，則是新秩序下的資本國際化，資本家藉此掌握「產業移走」的利器來和工農階級的福利要求相對抗，使福利國家面臨更大的外部限制，這項外部限制所反映的政治關係就是國家機器對於國內產業走向逐漸喪失它的主導權，可以說，經濟國際化的結果導致「去官僚化」勢力的抬頭（參見Pier-son, 1991: 187-93）。

㉘由國家機器充當雇主角色來吸納部分勞動力，就是充分就業意義下的去市場化過程，依據福利體系的健全與否而反映出國家雇用的去市場化程度。Glyn認為，「去市場化（demarketization）不必然是為了整體經濟考量而降低就業率，因為，國家部門可能以增加就業機會及減少工時的方式來吸收勞力並調整勞動市場，……〝積極的去市場化〞方式是指勞動時間從市場部門吸收到非市場性質的勞務當中，或是（直接）減少工時，對整體的工資勞動（就業率）並沒有改變。〝消極的〞去市場化則是指從市場生產……當中釋出的勞動時間，沒有被國家雇用所吸收，也沒有直接降低工時，因而導致就業狀態的衰退」（1992: 135-42）。主要福利國家在健保、教育及他項社會給付所雇用的就業情形（1985年為例）如下：

%	佔總就業比	國家雇用比	國家雇用佔總就業比
瑞典	26	93	25
挪	22	92	20
丹	28	90	25
義	12	85	11
英	16	77	12
法	15	75	11
澳	15	65	10
奧	10	61	6
瑞士	12	58	7
西德	11	58	7
美	17	45	8
加	15	44	7
荷	20	38	8

(參見Kolberg & Esping-Anderson, 1992:23)。

㉙福利國家的去市場化效應必須從對市場機能的「取代」程度來考
量，在一本由瑞典學者合刊的研究文集中，編者J. Kolberg於序言即
表明「我們不同意新自由主義所認定的福利國家之先決作用是在
摧毀市場機能。我們的看法正好相反：福利國家使市場更爲流暢。
當前處境正反映出福利國家業已成爲產業轉化的主軸」（1992:XI
），其中的論文提到「個人所得與行爲愈來愈獨立於市場邏輯之

外，另一方面，由福利國家所提供的利益卻又扣緊著市場參與的報酬給付性質……，福利政策的某些要素就是一種〝商品化〞，同時，也反映了——而不是削弱了——個人所得與福利對勞動市場參與的重要性」（Hagen, 1992:165），「可以說，福利國家與勞動力在商品性質上的關係，具有雙重作用。一方面，福利國家是商品化過程的一部分：民衆的勞動能力在可以被當成勞力來出售之前，就已經與他們的自我存在意義相背離了……，依此觀點，醫療照顧是一項有益勞力的措施，使勞工在生病期間仍然與勞動市場相結合……；另一方面……，失業給付則是使勞工逐漸遠離對市場的直接依賴」（Bislev & Lindgrist, 1992:169）。這項極富思辯色彩的立場爭議可以從勞動的所得與消費方式獲得更爲簡明的答案：(1)工資保障的提高會加速市場消費、或轉化成金融投資資本，唯有在失業救濟金接近工資保障額度時，才會造成生產力降低、甚至瓦解工資律；(2)生活消費內容若是維持貨幣給付方式，亦相對地維持了市場交換體系，唯有在實物直接供應的情形下才會危及市場功能。也就是說，只有在非勞動所得或／且實物給付足以維持生活條件的情形下，才是眞正的去市場化（完整且徹底地瓦解市場機能）。這項看法曾經在E. Wright等人的精細分析模式當中略爲提到（見Esping-Anderson, Friedland & Wright, 1976: 198-203）。

㉚第三世界的依賴處境是來自於19世紀軍事征服與經濟擴張的殖民主義，透過生產力與生產原料的搾取（以及隨後的相對次級成品的回溯消費）來鞏固資本主義的持續發展，以及宗主國的市場結構。帝國主義理論的主要課題即在於海外投資乃是資本主義國內市場飽和之下的一種必然的、且最終的發展型態，以及海外市場競爭所引發的殖民戰爭將會產生民族解放運動。這兩項政經課題在20世紀

後半期分別由世界體系理論與依賴理論補充了它的論述模式（核心與邊陲的關係）與理解處境（拉丁美洲研究），這兩項理論的共同立場是資本主義不均衡發展下的生產關係（例如Wallerstein世界體系論述就借用了Frank「宗主—附庸」關係的陳述，並提出了半邊陲概念），在世界分工體系之下，殖民地的民族解放運動遂分別呈現出階級政治鬥爭（世界性的社會主義革命，以A. Frank正統依賴理論的論述爲代表）以及新興民族自決（殖民解放的國家締造運動，以F. Cardoso修正依賴理論的論述爲代表）這兩條理解路線（參見Packenham, 1992:111; Ramirez-Faria, 1991:198）。

㉛Collier認爲，拉丁美洲國家具有三種發展特性：(1)工業化起步較晚，湧現一系列政經社問題；(2)極端依賴於外資、技術以及管理經驗來進行工業化；(3)對外依賴於國際資本主義體系所操控的國家與公司（參見Collier, 1979:6）。至於官僚威權政體的興衰更替，如下表：

	官僚威權政體	民主政體
阿根廷	1966-73 1976-83	1963-66(有限) 1973-76 1983-
巴西	1964-85	1945-64(有限) 1985-(有限)
智利	1973-89	1970-73 1990-(有限)
烏拉圭	1973-84	1942-72 1984-

（參見 Rueschemeyer, Stephens & Stephens,1992:160-1）。

㉜弱勢民主是建立在城市──產業利益的多階級聯合之上,包括產業
精英與城市大衆消費部門。由這種聯合關係所構成的經濟型態,是
一種重視本土民族產業發展的民粹主義發展型態,國家機器所鼓勵
的主要工業化面向是放在大衆消費財的生產供給之上(參見O'
Donnell, 1973:57)。

㉝拉丁美洲國家自始就缺乏一項制度化的政治安排,在西班牙殖民
時代,地方士紳(Criollo)的專斷行事並沒有在獨立建國之後建立
一套民主程序,反而是軍閥(Caudillos)各自爲政的派閥統治(
Caudillaje),競相奪權以及與外資掛勾,每一個軍閥所代表的利益
均是某特定地域聯盟的利益,因此,由這種政商利益關係所構成的
初期政治型態,在擴大參與到多階級聯合的民主政治體制時,它的
權力結構必然是分散、矛盾且無能的(參見Wolf & Hansen, 1994:
219-20,227-9)。

㉞「除了B. Moore發現的資產階級與無產階級的革命之外,第三條路
就是政府官僚與私產部門(包括附屬的工業資產階級)的聯合,來
對抗農民以及逐漸抬頭的城市無產階級。這條路是對〝先進工業化
之下的緊張關係〞、〝代議民主的軟弱能力〞,以及〝群衆〞之政
治意識興起的一種保守主義反動」(O'Donnell, 1973: 92)。

㉟O'Donnell認爲「由於其他階級及部門的政治活躍被視爲是在威脅
社會及其國際合作關係,以及伴隨著各種經濟危機的警訊──物價
上升,GNP與投資率下降,資本流失,預算赤字等等──這些正是
官僚威權政體產生之前的景象。……威脅的程度愈大,社會階級的
兩極化愈深,……因此而順勢使上層統治階級更爲團結,並結合著
所屬的中產階級來對抗大衆部門」(1994: 235)。

㊱官僚威權政體的特性即在於：「⑴高層官位通常是由複雜且極度
官僚化的組織當中所崛起的人士來佔據──軍方、文官體系以及大
型私人企業；⑵政治壟斷，緊閉大眾部門的政治晉升之道，並加以
降溫，在政治上則是透過鎮壓工具以及層級節制（統合主義），由
國家機器對工會組織加以控制；⑶經濟壟斷，降低或不明確地延緩
大眾部門的經濟參與熱度；⑷去政治化，將政治與社會議題化約成
〝技術〞問題，透過上層組織的高層互動方式來解決；⑸與所屬社
會之資本累積工具的階段發展相配合，……進行工業化〝深耕〞」
（O'Donnell, 1994: 234; 1979:291-3）。

㊲Cardoso即認為：在資本累積過程中，官僚威權政體始終是在壓抑
勞工與大眾的生活水平，大企業與國家機器的利益聯合經常是暗盤
作業。值得一提的是，這些年來文武官僚的行徑是在塑造一個有利
於他們繼續掌權的經濟條件。大部分國家的國營企業持續地擴張，
官僚威權政體正是其中的重要助因（參見Cardoso, 1979:49,51）。

㊳「依賴發展」（dependent development）的理論立場，是著名的依
賴理論學者Cardoso及Faletto所提出,他們認為,在核心一邊陲的世
界體系當中，拉丁美洲正處於半邊陲地帶，它的特性是引用大量外
資協助國內經濟成長，同時，由國際資本所主導的資本與技術密集
工業通常只是集中在少數加工特區，加工產品受到產品層級的限制
以及出口導向的要求，而大量輸往核心國家，對於國內消費市場並
沒有明顯助益，也就是說，「依賴發展」所呈現的處境是當成核心
國家的原料加工地，「這種靠著大量外資投入工業部門生產的發展
處境，……有賴於政治整頓來促成經濟改良與社會整體動向。邊陲
國家的現代工業化歷程需要大量資本投入、大量科技知識的儲備，
以及高技術的管理組織。這些要件順勢有賴於科學發展、複雜且分

殊化的社會結構，以及先期階段的（資本）累積與投資……，某些國家透過外資轉移以及先進技術與組織來加速生產過程的工業化腳步。但是卻也付出了民族經濟體系與發展政策決定上的自主性的代價」（Cardoso & Faletto, 1979:160-2）。

㊴Rueschemeyer等人即認爲，由軍事政變所建立的官僚威權政體必然會依循自身利益而持續鞏固其龐大的鎮壓機器，不僅是透過傳播技術來維持，亦且是由經濟與地緣政治親近的國家提供財務支援與訓練計劃來強化鎮壓機器（參見Rueschemeyer, Stephens & Stephens, 1992: 212-3）。

㊵O'Donnell認爲，官僚威權政體的致命罩門就在民主問題上，去政治化的措施只是暫時壓制了民衆的參與，潛在的政治意識以及隱蔽的政治討論終究會再度顯現出來（參見O'Donnell, 1979: 316-7）。

㊶Kitschelt認爲，政治機會結構（Political opportunity structure）是社會動員之所以產生的一項外在條件，由動員的資源、制度環境以及特定事件（例如大選）所構成，影響到抗爭策略的選擇與後果。這項條件是表現在三個層面：(1)打通參與管道（即程序影響）；(2)獲得政策回應（即實質影響）；以及，(3)由前兩種所同時達成政治機會的結構轉化（參見Kitschelt, 1986: 58,66-7）。

㊷統治集團對於政治抗爭所採取的正面回應（妥協）或負面回應（鎮壓），主要是受到集團派系分裂以及回應成本這兩項因素的影響：

回應	鎮壓	←→	策略反制	←→	妥協
派系	鷹派＞鴿派	←→	鷹派＞鴿派	←→	鴿派＞鷹派
成本	鎮壓成本＜回應成本	←→	鎮壓成本≦回應成本	←→	鎮壓成本＞回應成本

" ←→ " 鬥爭過程

在政治鬥爭過程中，鴿派與反對勢力溫和派達成妥協結果，便是
擴大（或轉化）政治機會結構走向協商式轉化。這段轉化歷程具有
高度不確定性（受制於權宜策略），通常，先經過自由化過程（對
一般人權的保障），並由社會抗爭勢力取得的妥協成果推向民主
化，即Stephan所稱的「自由化＋社會力＝民主化」（參見Stephan,
1986: 75,78），也就是使該項不確定性質予以制度化的一種形式妥
協歷程（即Przeworski所稱的「民主化」意涵，參見Przeworski,
1986: 58-9）。一旦政治抗爭愈趨激烈，鴿派與溫和派的妥協共識的
可能性就愈低，那麼，鷹派與反對勢力激進派的對峙衝突就愈升
高，這項結果可能進一步強化了威權體系，或是走向民間革命，即
決裂式轉化。

㊸早期的理解典範以爲生產工具的國有化就是社會主義的具體表
現，這是建立在「the state v. market」的對立思考方式上所得出
的必然結論，因此混淆了所有權與經營權之間的判別，也就是說，
以經營權的行使來決定所有權的歸屬。在這項簡化的對立思考下，
資本主義與社會主義的爭議被等同爲市場競爭與國家干預的爭
議，也衍生了許多相關的意識型態論戰（例如F. Hayek v. O.
Lange，以及貨幣主義v.凱因斯主義，甚至一度被許多社會主義者所
推崇的史達林主義）。迄至許多學術領域就現實處境的運作過程進
行反省（例如制度經濟學派、實證法學派，以及匈牙利學者K.
Polanyi所代表的歷史社會學派），新的理解典範（即the state in
market）在晚近逐漸取得更爲深刻的解釋效力，「國家資本主義」
的性質再度成爲新興課題（從舊典範的思考角度來看，「國家」怎
麼可能與「資本主義」扯上關係？關於新舊典範的差異，參見

Block, 1994:691-8）。如第三章註29所言，國家資本主義依國家干預程度的差異而呈現出不同的外顯面貌，即便是標榜著自由市場的先進資本主義國家，也很難爲下表所列的「國家是一部獨佔的生產機器」參與著基礎工業的事實辯護：

1990-1 年 OECD 成員國在重要產業中的官股比例*										
%	鋼鐵	船舶	汽車	石油	煤礦	鐵路	航空	電力	瓦斯	郵政	電訊
法	100	A	40	A	100	100	100	100	100	100	100
西	60	90	10	50	50	100	100	30	100	100	100
土	75	A	23	87	100	100	85	A	100	100	100
芬	90	A	100	100	A	100	70	A	100	100	100
奧	100	A	A	85	100	100	52	50	100	100	100
希	A	70	A	A	70	100	100	100	100	100	100
挪	50	A	A	A	A	100	A	A	100	100	100
葡	100	A	A	100	A	100	A	A	100	A
義	60	A	A	A	A	100	75	75	80	100	100
荷	14	A	70	A	A	100	39	A	A	100	100
瑞士	0	A	A	A	A	100	30	A	A	100	100
瑞典	40	75	0	A	A	100	A	A	0	100	100
比	50	0	0	A	A	100	52	25	25	100	100
西德	0	25	0	0	A	100	60	A	0	100	100
英	0	0	0	25	100	100	0	40	0	100	20

168　政治商品化理論

(續上頁表)

%	鋼鐵	船舶	汽車	石油	煤礦	鐵路	航空	電力	瓦斯	郵政	電訊
紐	0	A	A	0	A	100	0	94	A	100	0
澳	0	0	0	0	0	100	75	100	0	100	100
加	0	0	0	A	0	75	0	100	0	100	25
日	0	0	0	0	0	66	0	0	0	100	46
美	0	0	0	0	0	B	0	A	A	100	0

＊：依控股層面多寡排列　　A：轉投資基金　　B：美國聯邦鐵道公司
(資料來源：Pitelis & Clarke, 1993:16-7)。

⑭Pollock提到，「國家資本主義透過經濟計劃來主導生產投資與消費儲蓄……，重要物資的價格受官方控制……，私人利益必須不悖經濟計劃的目標……，國家活動是依據科學管理的原則……，透過國家權力來強化計劃績效……。總言之，國家資本主義使私人資本家的地位岌岌不保：(1)管理階層不受資本（所有者）的控制……，(2)企業功能受到政府的干預或取代，(3)資本家被矮化成靠租金過活的人。……政府是由一個新階級所控制，由企業界、官員、黨工及其他殘留勢力的聯盟所組成……。資本家不再是經理人，其社會功能漸失，……由國家控制的小型專業化半自主組織具有相當程度的特權，……大部分的勢力是由國家所直接或間接雇用，……新國家是這些新興統治階級的權力行使工具。」（1989:98-114）。

⑮Huntington曾表示，官僚腐化是現代化過程的產物，由於現代化改變了傳統價值體系，開創新的財富與權力的來源，擴大了政府管轄的活動範圍，政商互謀私利的可能性也隨之增加。要減少腐化現象，就需要把政治活動組織起來並加以規範，政黨正是現代政治當中可

以產生規範作用的最主要機制（參見Huntington, 1968:59-71）。但是，政黨在商品政治運作型態下，是否如預期地扮演其規範功能呢？本書第六章將會提及。

㊻O'Donnell及Schmitter認爲，自由化是確立出有效之特定權利的過程，以保障個人及團體不受國家或第三者的任意或非法侵犯；民主化是指公民權的規則與程序得以擴大引用到所有政治運作制度、權利與義務的關係或議題討論上。假定缺乏了自由化的基礎，那麼民主化將只是禁不起考驗的形式說詞；假定缺乏了民主化的落實，那麼自由化也成爲當局玩弄權術的手段，這種雙向流通關係是第二階段轉化（即社會轉化）的前提。社會轉化指的是社會民主（權利與義務的平等）以及經濟民主（社會利益的同等獲取），這是經社領域的進一步安排，也是從威權政體邁向社會主義的捷徑。如圖：

自由化＼民主化	政治制度	經社制度
形式機會	政治民主	社會民主
實質利益	福利國家	社會主義民主

(參見O'Donnell & Schmitter, 1986:7-13)。

㊼資源壟斷的問題始終是民主價值體現的一大障礙，民主制度賦予了公民全體的形式同等機會，但是，來自經社地位實質差異所導致的利益與權力的翻滾勾結，往往扭曲了形式機會所蘊含的平等價值，進一步危及一般公民的自由主張。因此，關心著民主價值的一些學者認爲，政治機會的平等必須對應到經社領域的同等機會：社會領

域的同等機會（即身份地位的平等）是經濟領域同等機會的前提
（即所有權與經營權的平等），經濟領域的同等機會是政治領域同
等機會的前提，也就是說，縮小經社領域的非同等機會的差距乃是
縮小政治領域非同等機會之差距的前提（參見Lively, 1975: 148-9
）。依這項推論，社會主義民主的意義就成爲實質民主體現的理想
藍圖。

㊽後進國家在轉型階段面臨到長期控制與短期圖存的兩難：國家機
器試圖持續掌握社會資源以強化政治控制，例如維持國營企業的生
產獨佔與交易官價、勞動組織與專業部門的控制，以及重要財政收
入（如關稅）；另一方面則是採取強化總體生產效益方式來增加
國家收入，例如解除貿易管制、金融市場開放、民營化等改革措施
（參見Suleiman & Waterbury, 1990: 18-9）。在現存經濟困境的壓
力下，國家機器爲了維持一定的財政收入，不得不選擇由下而上的
開放政策（即經濟自由化）或／且是由上而下的轉移政策（即民
營化）以加速民間生產投資。

㊾Biersteker即表示，有太多的例子證明國營企業民營化過程已被國
際資本接收成大型私有壟斷體，後進國家由於缺乏制度化的競爭環
境或／且缺乏有效的轉移管制體系，以及金融市場不健全與所得分
配差異太大等政經條件限制下，單純的民營化（在缺乏自由化的配
合下）會導致國家資源受少數利益所獨享的後果，同時（在缺乏有
效轉移的管制下）也產生了坐收漁利、阻礙自由競爭以及增加外部
社會成本等問題，可以說，國際資本正在對後進國家的國營企業民
營化扮演著木馬屠城記的戲碼（參見Biersteker, 1992:205-11）。

㊿以拉丁美洲ABC三國來說，官僚威權時代國營企業的暴增乃是一種
發展策略下的產物，如前所述，是爲了因應經濟衰退（挽救企業破

產與重整市場秩序）以及振興產業（推動基礎工程與發展基礎工業）所需。然則，龐大的國營企業因長期經營不善而面臨持續的虧損壓力（如下表）：

%	經常性支出			總虧損		
(GNP)	1970-1	1980-1	1984-5	1970-1	1980-1	1984-5
阿根廷	8.3	10.8	15.2	1.9	2.2	2.9
巴西	7.5	16.3	13.8	0.4	6.0	2.0
智利	10.2	15.3	19.8	3.3	0.6	-0.4

故自90年代起，拉丁美洲ABC三國遂一一拍賣國營企業，以解決財政困境並刺激整體經濟的效率生產；阿根廷進行的大型國營企業徹底民營化，計拍賣23家，售價32億7千4百萬美元；巴西則推動小型國營企業民營化，91年末釋出大鋼鐵公司與電訊企業股份，計拍賣20家，售價14億7千萬美元；智利則在85-89期間進行徹底民營化，僅保留小量官股，計拍賣46家，售價30億4千2百萬美元（參見Meller, 1994: 263-5）。

　　「政治市場」這項概念不但意涵著政治運作過程與市場交換體系的等同性質，也指涉到政治理論與經濟理論的近親關係①：(1)在現實的對應關係上，利益政治成形於資本主義從競爭走向壟斷的階段，商品政治則成形於資本主義從壟斷走向國家干預的階段，這種時序的對應關係，受到市場規模結構化過程所表現的階級對立關係的影響，亦即階級關係從實然處境走向政治抗爭與妥協的產物；(2)在理論的對應關係上，資本主義所先後呈現的完全競爭、寡佔、國家干預等三種市場經濟觀念及其建構模式，分別鋪就了多元式、精英式以及多元精英民主理論的內涵②，也就是表現在政治市場觀念中，由交換過程（選舉程序）所銜接的消費者至上（主權在民）、生產者競爭（政黨政治）以及生產與消費關係合理化（決策過程）的探討主軸；另外，(3)從現實關係與理論關係的相互對應來看，利益政治的爭議重點在於財產權保障與普選制的確立，商品政治的爭議重點在於資本分配與決策管道的合理化，這兩種分別屬於經濟與政治的課題，則是結合在資本主義的上述過渡階段以及所對應的政治型態兩者的關係當中，由這些爭議課題所引發的理論探討便同時具備了類比解釋與應然關懷這兩項性質，類比解釋是立基於對現實處境的理解（從資本主義的生產與消費行為來理解民主政治運作過程，進一步以市場模式類比為政治制度），應然關懷則是立基於對現實處境的主張（從前項類比解釋當中，進一步說明在資本主義發展過程中的民主政治的未來走向）③，儘管大多數的政治市場理論均一再自謙是「僅僅」從事實然的

理解立場。

　　因此，關於商品政治理論的探討，就必須區分其類比解釋與應然關懷；關於商品政治本身的探討，也必須同時關照到屬於政治制度的運作過程，以及牽繫著資本主義底層影響的中介因素（即國家機器所中介的政治流程）。

第一節　政治市場的運作形態

　　在完全競爭式市場模式中，生產者與消費者是以同等地位的自利考量在進行交換行為，依供需關係所反映的價格體系變動來決定交換過程，依交換結果所反映的個別偏好的總和來代表社會福祉。由這三項條件（即：對等地位、自願機會、總和計算）所對應的代議民主理論，在於：公民與公職候選人之間的互動關係亦是基於同等地位的自利考量，選舉過程是由等價的選票來決定，公民以投票方式所表達的政治主張，其總和就是最佳的政治偏好，也就是以一人一票、透明化的選舉程序，以及多數決定等三項條件來構築政治市場的運作模式。這項對應關係的合理基礎是個人偏好的確立以及偏好本身的可計算性質，這是以功效主義式個人主義的先驗理性命題為起點，通過邊際學派的效用分析方式，使個人在偏好選擇過程的理性考量具備計算比較的根據，也就是依照邊際效用所代表的滿足程度來說明個人的偏好選擇④。當然，這些偏好選擇的方式一旦確立，則偏好選擇的內容便具

備了可量性的加總計算。

那麼，生產者必然是依照能滿足消費者之最大效用的目的在進行生產，消費者是依照能滿足自身之最大效用的目的在進行消費選擇；同理，候選人是依照能滿足公民之最大效用的目的而提出政治主張，公民是依照能滿足自身之最大效用的目的在進行投票選擇，可以說，交換行為的最終目的在於如何使交換物產生效用極大化，達到最佳效用。⑤一方面，這些交換物之最佳效用是體現在消費者（或公民）依照消費行為（或投票行為）所表達的效用滿足動機上，由於這項動機是根據個人的理性且自利的考量所建立，交換過程的最終意義便是在實現消費者至上（或主權在民）；另一方面，消費者的效用動機既然可以透過對交換物的選擇過程來表示，一旦某項交換物（或政治主張）被接受的程度愈大，便表示該項交換物愈能滿足更多消費者的效用動機，通過「看不見的手」（即完全競爭市場以及公平的選舉過程）所中介的交換過程，最能夠被接受的交換物（或政治主張）便是最佳效用的社會選擇（即Pareto optimal），也是社會公益的具體內容所在⑥。

是以，完全競爭式市場模式及其相對應的政治理論（古典民主理論以及新古典政治經濟學）一再主張的自由放任政策，其意旨即在維持市場機能的自行運作程序，以進一步體現消費者至上以及社會福祉這兩項社會價值；相對地，在公平的選舉過程中，亦體現出主權在民以及社會公益這兩項政治價值。然則，該模式所抱持的這兩項價值關懷是否如實地

體現在市場交換過程呢？這項問題必須從實然的處境來加以
釐清。資本主義市場經濟從競爭走向壟斷，不僅意涵著現實
政治處境的改變，同時，政治理論也必然因應於這項改變、
以及市場模式的修正所引發的挑戰（從消費者立場走向生產
者競爭）而重審其理解方式。壟斷式市場模式便是立基於這
項現實處境，對於上述問題提出了批判與反省⑦。

　　從生產者的角度來看，市場競爭的壟斷過程事實上是生
產者之間以消費者為對象所產生的競爭，生產者與消費者在
交換過程中的實質作用不僅要加以區隔（至少是倒轉了前項
模式的對象關係），同時，也在生產者之間區分出他們在競
爭過程中的位階作用：商品內容是由生產者的競爭關係所決
定，商品數量是由競爭能力處於優勢的大廠商所操控。前項
意義在於，消費者只能就生產者所提供的商品作選擇，消費
動機受制於商品內容，至於生產者競爭則是以商品提供的方
式在相互爭取消費動機，那麼，商品行銷的作用便介入商品
流通過程，消費者只能被動地接受商品行銷所塑造的商品內
容，直接地說，是生產者透過商品行銷在塑造消費行為，「
消費者至上」的價值意涵便在生產者之間的競爭過程中被拆
解、扭曲，甚至可以說「消費者至上」是虛構的；另外，後
項意義在於，生產者之間的競爭地位是建立在商品被消費者
接受的程度之上，在持續性的交換過程中，愈能塑造商品可
接受度的生產者，就愈能獲取商品的資本累積目的，當然，
投入於下階段的商品生產的資本也愈大，在這項循環作用
下，生產者地位的非對等關係便隨著資本積聚與集中的程度

而愈顯著，也就是，量產規模愈大的生產者愈能操控商品數量，不但限制了眾多小生產者的商品市場空間，同時，也間接操控著消費者對商品的需求，甚至可以說，在結合了前項的商品行銷的作用之下，也進一步決定了消費者的消費動機。因此，大廠商對商品市場的壟斷程度愈高，社會總量被大廠商所決定的程度愈大，這項意義正說明了由消費者需求的可量性總和所表示的社會選擇乃是由大廠商所決定的，直接地說，是大廠商在塑造社會選擇的內容。

　　與此相應地，由實然的壟斷過程所類比的政治市場模式，便具備了三項論述條件：(1)消費者（選民）的偏好是由生產者（候選人）所塑造；(2)市場交換過程的競爭關係是生產者（候選人）之間的商品（政見）競爭；以及，(3)大廠商（政黨）的競爭後果就是社會選擇。第一項條件指出，公民未必具備自身的偏好（即冷漠的選民），即使有偏好，未必有主張（即沈默的選民），即使有主張，未必會選擇（即無效投票），因此，選民在選舉過程的作用就是從既有的候選人當中進行選擇，這表示選民的選擇未必是最佳偏好，頂多只是一種次佳選擇。第二項條件指出，選民的次佳選擇是建立在候選人的政見訴求之上，候選人的政見則是依照可獲取選票的多寡程度為基礎而擬定，選票的獲取必須透過政治宣傳，最有利於政治宣傳的工具就是政黨動員，因此，候選人的政黨歸屬在選舉過程中的作用就是擴展選票空間。第三項條件指出，政黨為了吸取更多選票，必然會提出更具包容性的政策，這些內容空洞且可能自相矛盾的政策使政黨屬性愈

趨模糊，也就是說，政黨在選舉過程中所訴求的政策乃是一種包裝過的政策宣傳，因此，由多數選票所代表的社會選擇事實上是政黨的政策宣傳的產物。從上述三項條件可以獲知，依照選舉過程所表現的民主政治，只不過是政治人物定期在相互競爭選票的一種制度安排，壟斷式市場模式所類比的民主政治理論，便直接否定了完全競爭式市場模式所蘊含的應然要素：民主政治並非在顯示主權在民的意義以及社會公益的內容等實質價值，而是呈現出競爭過程的形式價值。

這項形式價值是表現在開放的參選機會以及定期接受選民投票選擇的制度設計本身，政治精英可以定期進入政治市場提供可供選擇的商品，一般公民可以定期進入政治市場來選擇所陳列的商品，兩者均在定期開放的政治市場當中進行商品交換。這種市集式的政治型態便由兩個面向所構成：政治決策過程是政治精英之間的競爭過程，它的形式價值表現在資源分配的均衡意涵當中；以及，該項均衡意涵是建立在定期選舉所顯示的形式監督的價值之上。也就是說，選民的投票選擇促成政治精英之間的均衡，在選舉與決策之間的循環關係當中維繫著選民對政治精英加以監督的可能性⑨。

隨著國家干預式資本主義型態的興起⑩，尤其是以增稅與信用擴張（公債）方式掌握更多資本來進行市場操作、與透過法律程序進行市場管制的處境之下，政黨在決策過程中操控的層面也進一步擴及到公民的私人經濟生活，那麼，公民進行形式監督的可能性就更為困難。政治勢力對市場經濟的干預所產生的主要政治課題在於：政治干預的效率問題，

以及公民選擇的偏好反省，即競租（rent seeking）與理性。前項是著眼於公共政策內容膨脹所產生的資源浪費，藉此否定市場干預的合理性，實質意義則是在重建「最小可能政府」的古典式政經關係；後項是著眼於投票行為如何反應選民偏好，以及這些偏好在不同的選舉制度設計中如何表現，實質意義則是在建立一套較能反應選民偏好的民主運作程序。可以說，這兩項課題是源自於民主程序在面臨國家干預式資本主義處境時所產生的偏差，試圖分別就決策過程與選舉過程採取成本與效益分析式的反省，使政策內容與公民偏好之間的距離更為接近。

　　從選舉過程來看，影響選民投票意願的主要因素在於選民對投票效益的預期，一旦投票行為的成本大於預期的效益，選民就會放棄投票（即理性棄權）⑪，同時，這項預期效益是以選民所獲得的訊息為依據，也就是依據選民的過去經驗與未來期望，這些不完整的訊息（即理性失憶）⑫，致使選舉期間的政治訴求與宣傳具有極大的影響空間，選民對於政治訴求內容的瞭解程度愈高，愈能夠影響其預期效益，因此，掌握著更多訊息的候選人經常採取「損人或／且利己」的政治宣傳來提高選民的投票認同。這兩項影響選民投票行為的理性因素（即理性棄權與失憶）在投票過程中所產生的效應，致使選民無法有效地表達偏好。另外，從決策過程來看，決策者由於掌握了較多的訊息，在偏好排列上更為明確，往往因此而產生一種無法獲得最佳偏好的不均衡狀態⑬，唯有透過策略性投票或規則修訂的方式進行決策，那麼，在這種

情形下所產生的決策內容事實上亦只是強勢黨派的私利，假定該項政策是以公共成本的給付方式來推動，也就是以國家預算支付公共財，就很容易形成分配過程的不當效用（Pareto inferior），尤其是在具有成本移轉性質的準公共財支付的政策上，特別容易形成圖利私人或資源浪費等競租現象。

　　可以說，在國家干預式資本主義的政治市場中，候選人經常以「混淆策略」的方式使選民難以獲知較完整的訊息，並提出擴大給付的訴求來提升選民的預期效益；相對地，選民也必然在選舉之後面臨到公共財膨脹所帶來的損失，一方面是預算赤字所引發的增稅或信用擴張，一方面是市場干預所產生的特權勢力。這種情形正說明了政治勢力的市場干預不但未能化解交換過程的壟斷現象，甚且造成政治精英利用公共政策圖謀己利，使資本分配與決策管道愈加偏離於選民的視野之外，民主程序所賴以維繫的形式監督意義更加難以顯現。

　　依這項分析模式所類比的政治理論認為，公共部門亦是一種私人部門，公共消費者（選民與利益團體）以及公共生產者（決策者與官僚）對於公共財的供需並不具備一般誘因，因此，「市場失靈」與「政治失靈」只不過是一體兩面，以相同的理由呈現在制度或團體的運作過程中，任何既存的市場失靈現象，在一定程度上均足以反映出只不過是政治失靈的特例（Aranson, 1989: 114）⑭。要維持市場的公平性，就必須先排除政治勢力對市場的干預，以減少公共支出（即採取平衡式國家預算），並擴大決策過程的訊息溝通（如公

聽會、民意調查），以及採行較能夠反應選民偏好的選舉制度（如小選區比例代表制），也就是透過制度面的設計來化解資本主義民主的當前困境⑮。

　　然則，在政治市場已然是商品市場的現實處境下，政治人物亦只是自利的生產者，選舉過程必然是以商品流通方式致力於商品行銷，同時，商品式資本的累積過程也提供政治人物與企業主之間在金融資本流通上的互惠管道，因此，在政治人物以勝選、連任為目的的選舉過程上，以及，在進行政治資本累積的決策過程上，都包含了政治勢力與經濟勢力的相互勾結。可以說，依照市場模式所類比的政治理論，即便是實然地鋪陳出政治市場的形式關係（或可稱之為政治理論的意識內容），至於所隱含的政治價值關懷（或可稱之為政治理論的意識作用），卻面臨到實然運作的嚴苛考驗⑯，最根本的問題即在於公民意識的扭曲過程。

第二節　政治行銷與意識塑造

　　公民對於政治議題的認識，正如同消費者對於商品內容的認識一般，端賴於公民對政治訊息的獲知程度，這些訊息提供了公民從事政治活動的選擇依據。消費者對商品內容的認識愈少，對商品行銷的訊息作用的依賴會愈大；同樣地，公民對政治議題的認識程度愈低，政治宣傳的影響作用也愈大。政治宣傳的目的並非在提供相關政治議題的完整訊息內

容，而是透過對某項特定議題的詮釋作用，形成特定的訊息內容，以塑造公民對該項特定議題的偏好，達到說服的效果，因此，通過訊息提供者的主觀篩選過程，公民對政治議題的認識必然是有限且片面的。這種情形亦明顯表現在被視爲具有政治教育功能的文獻當中（例如國殤講詞、布利斯托講詞、聯邦黨論文、共黨宣言），這些文獻的現實意義並非在提供一套恒眞的理念，而是當時政治行動過程的一種政治主張，無論是以肥皂箱式的口語傳播、或形諸文字媒介的作用，對受訊者而言，是一種對當下處境加以認識、反省與判斷的訊息來源，最終目的亦是在建立集體行動所需的信念內容（或意識型態內容），也就是黨派意識。

可以說，任何一項政治議題都蘊含了相應的政治宣傳，以及所塑造的特定政治主張，從行動層面來看，這些政治主張均代表了特定黨派意識之間的差異與對立，那麼，公民的政治意識便在這些相異、甚且對立的政治主張的宣傳過程中被塑造出來。這項意識化過程至少呈現出兩個現實意義：首先，任何自稱爲代表著普遍價值的政治主張，在實踐層次上，只能被視爲對當代處境的反省依據，在意識層次上，只能被視爲特定黨派的意識內容，也就是說，相應於某項政治議題而形成的特定政治主張，均不能宣稱是該項政治議題的唯一內容；其次，公民對於政治議題的認識，必然受制於黨派意識的宣傳作用，黨派意識的差異愈顯著，則政治宣傳所提供的訊息內容愈複雜，公民可能獲取相關訊息的機會就愈大，也就是說，黨派意識的顯著差異有助於公民對相關政治議題

的受訊程度。這兩項意義事實上是在說明政黨政治在民主程
序中對公民取得相關政治訊息的正面關係，正如同「黨派利
益衝突是政黨興起的必要條件」（Lapalombara & Ander-
son,1992:395）一般，政黨政治是公民對相關政治議題進一
步認識的必要條件，同時，前項意義所質疑的先在的、普遍
的且實質的政治主張內容，只能視之爲後項意義所強調的議
定的、特定的且形式的政治宣傳過程，從這項形式過程的持
續運作中，呈現出公民具有同等機會來獲取政治訊息。因此，
由黨派關係所架構的民主政治運作過程，固然不足以產生較
完整的相關政治訊息，至少提供了公民選擇訊息的機會以及
黨派對立所產生之利益均衡的可能性，這兩項可能性也正是
民主政治走向商品化過程時，仍具有可行性的條件所在，即：
選擇與均衡。

　　以政治市場的角度來看，「選擇」意指著消費者可以自
由進出市場、決定消費對象的能力，「均衡」則是生產者之
間的競爭，受到消費者選擇能力的影響而呈現出動態的穩定
關係。由於商品消費的最終決定權在於消費者的選擇能力，
生產者的商品生產必然會儘可能與消費者需求發生直接關連
（迎合或塑造）；由於不特定消費者呈現出多樣化的消費需
求，生產者之間的商品競爭亦呈現出多樣且重疊的流通關
係；由於多樣化的消費者需求本身因偏好相近的關係而呈現
出對特定商品的較大偏好，生產者之間的競爭關係亦會趨向
於對該特定商品的生產競爭；因此，一旦消費者之相近偏好
本身亦呈現出多樣且暫時性的重疊趨勢，那麼，生產者之間

的競爭關係亦在這些非特定之商品生產的競爭過程中，呈現
出一定程度的動態均衡關係。可以說，政治市場的一項深層
結構即在於生產者之間、以及生產者與消費者之間的關係，
必然會呈現出形式上的平衡狀態，這不但是資本主義民主政
治理論的建構基礎所在（即：如何維持政治市場的關係），
也是多元主義式利益團體政治型態得以持續運作的關係結構
（即：政治市場關係的實現方式）。

　　那麼，這些利益中介團體在政治宣傳過程中具備何種作
用？可以從三個階段來看：(1)首先，政黨必須透過與黨機器
利益相近的中介團體來掌握選民的偏好趨勢，選民也必須透
過中介團體的積聚過程來形成一定程度的偏好訴求，這些介
於政黨與選民之間的利益團體，隨著組織與經費的自營程度
而呈現相對的自主性，在政治市場上，利益團體的類別愈多、
自主程度愈高，所代表的意義就是政黨組織結構與動員能力
的相對弱化[17]，因此，當選民偏好個別地且重疊地由各種利益
團體加以積聚時，政黨的政治宣傳功能逐漸被利益團體所取
代，黨派意識的差異性亦趨於淡化，政治宣傳遂從宣傳內容
（說服什麼）轉移到宣傳方式（如何說服）以及特定宣傳對
象（向誰說服）；(2)其次，利益團體與黨派利益最大的差異
在於前者並不直接介入政治權力分配，而是透過遊說、資助
方式間接影響決策內容，在市場競爭過程中，利益團體的興
起代表著經濟勢力對政治過程的滲透，尤其是生產事業（如
各種產業公會）與服務事業（如媒體公會、醫療公會等），
這些具有龐大資本的商業團體，不但是政黨活動的重要經費

來源，更且資助所屬地區的政治人物以獲取利益互惠（例如
地方建設分配款）⑱，由於商業性質的利益團體本身的經營
方式就是以短期獲利為目的，對於政治人物的資助亦著眼於
自利的立場，政治人物必然亦提出相對利益的政策主張，同
時也援引商業競爭的有效經營策略，使商業與政治之間的運
作方式愈趨一致，因此，在選舉過程中，出現了競選公司、
選戰顧問等等經營方式來籌劃競選活動，這些作為正好反映
了、並催速了政治宣傳本身邁向商品化的里程——政治行銷
⑲；(3)再者，政治行銷取代政治宣傳之後的結果就是商品意
識取代了黨派意識，除了在政治市場上由利益團體架起商業
與政治之間的管道之外，另一項重要的中介因素則是傳播媒
體，尤其是電子媒體的普及，最典型的媒體行銷就是電視廣
告，政黨及候選人被當成如同美容商品般地進行促銷⑳，由於
媒體（收音機、電視、電話、報紙等）深入到大眾生活當中，
成為選民獲取政治訊息的最主要來源，大區域的選戰策略幾
乎是由媒體選戰所主導㉑，這種現象不但造成了政黨與候選
人的角色逐漸被媒體、廣告、顧問等專業組織所取代，同時
也提高了選戰的成本：政治行銷使選民與候選人的關係集中
在媒體的包裝過程上，選民成為媒體閱聽者，政黨競爭走向
個人化的形象塑造，政治主張簡化成醒目且誇張的重點訴
求，同時，資本愈雄厚的候選人愈能夠佔據醒目的媒體畫面
（版面或時段），以密集且多樣的促銷方式來吸引閱聽者的
注意（當然也包括醜化對手），可以說，資本在政治行銷過
程中直接取得了傳遞特定政治訊息、影響投票偏好的決定性

地位，間接透過媒體選戰而塑造了政治市場的商品意識。

　　因此，利益團體政治型態的興起，除了弱化了政黨組織以及黨派意識在政治宣傳過程中的動員能力之外，也標示著資本主義自由競爭市場運作型態結構化之後，商品活動對政治活動的主動滲透，在決策過程中遊說與資助特定政治人物，在選舉過程中提供競選經費與選戰⑳策略，最明顯的作用是以大量資本供應媒體選戰以及速食麵式的形象包裝，使傳統政治市場偏重於商品內容（具體政治主張）的交換過程轉化成由商品包裝（個人化的形象塑造）所主導的訊息促銷。可以說，現代民主政治已走向商品式電視民主(teledemocracy)的時代（參見 O'shaughnessy, 1990: 250），利益團體的資本向政治市場的轉移，是政治商品化的物質基礎；大眾生活對於傳播媒體的訊息依賴，是資本主義政治訴求的最佳管道；政治行銷在政治訴求過程中的操控地位，則是政治主張被轉化成商品廣告、以及黨派意識被轉化成商品意識的具體表現。政治行銷對於政治領域的影響，可簡化如圖5-1：

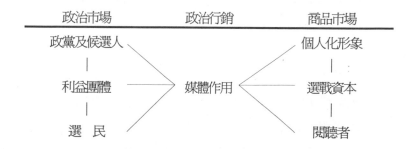

(圖5-1：政治行銷的作用)

　　媒體選戰對於選舉過程的影響，使政治空間的議題討論
濃縮在鏡頭、時段與方塊版面所呈現的圖像、語音與標題當
中，這些簡短的訊息必須進一步以更多的相關訊息加以解
讀，才有可能還原到具體的政治主張；然則，負責解讀的訊
息提供者（無論是政治宣傳者、知識份子、媒體工作者）必
然要透過媒體傳播過程進行相互解讀，也就是說，從某項政
治主張開始呈現在媒體傳播的那一刻起，迄至該項政治主張
的閱聽價值消失以前，是相關符號不斷在進行創造、拆解、
重製的一段衍生過程，閱聽者的相關政治判斷在這段衍生過
程中隨時面臨到自我質疑、補充或強化的作用，這些被具像
化的符號意義提供了閱聽者的浮動印象，迄至相關符號消失
之後，閱聽者選民所收受的訊息也只是對該項政治主張的凝
固化的刻板印象。那麼，選民的理性棄權與理性失憶的認知
基礎就不是單純建立在個人自發性的選擇過程上，而是符號
訊息收受過程的第二序選擇，也就是刻版印象之上的個人選
擇，這些刻版印象構成了選民政治行為的意識型態內容。

　　表面上來看，選民的政治行為是依照既定政治程序的規
範之下進行個人選擇，實則是受到社會流通的符號意義的規
範，這些符號意義透過媒體傳播過程而塑造了社會的主流意
識型態，至於在這項塑造過程中扮演催生作用的傳訊工作
者，他們和媒體的關係則是傳訊者提供了訊息塑造的生產內
容、媒體提供了訊息塑造的生產方式，也就是說，選民政治
行為的形成過程是建立在傳訊者與媒體之間的互存關係之
上，尤其在政治傳播從黨派宣傳走向媒體行銷的策略場合

中，這項互存關係更深化至政治行為的意識層面，以頭條新聞、深度報導、重覆傳訊等方式來代表某項政治主張的重要性。

那麼，是誰在決定訊息的先後多寡？也就是，誰在操控政治訊息的塑造過程？正如同媒體提供了傳訊者的存在條件、使傳訊者成為傳訊者（這種對象性的關係正如同生產者必須相對於消費者，方能成為生產者）一般，媒體的資本正是媒體之為媒體的物質基礎所在。假定訊息是一種流通商品，那麼，媒體的股東成員便是訊息生產的資本持有者，使媒體與傳訊者的互存關係得以維繫、進一步使符號意義持續生產的決定者，從訊息生產的角度來看，媒體股東是政治訊息塑造過程的操縱者；至於媒體股東對於媒體的投資，不外乎著眼於媒體廣告的可獲利性（乃至間接的政治投資），依各別媒體對閱聽者之訊息收受的影響程度來區分廣告價格，無論是商品行銷或政治行銷，都必須透過媒體廣告來傳遞，可以說，對閱聽者的影響程度較大的媒體可以獲取更大的廣告收入，進一步投入媒體的訊息生產過程，使媒體本身的影響力更大，從訊息流通的角度來看，訊息的可獲利性正是媒體持續再生產、使符號意義持續衍生的關鍵因素。因此，媒體股東固然操控著訊息塑造的過程，實則是訊息的可獲利性本身承擔著訊息塑造的最終決定者，在左右著媒體股東的生產活動，並決定著訊息的再生產過程，使訊息與資本的關係呈現出如同商品與資本相互依存的邏輯關係，如圖5-2：

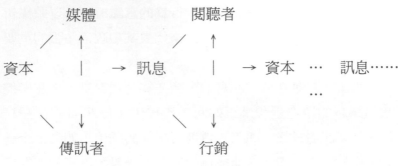

(圖5-2：訊息再生產的邏輯)

　　訊息流通的自行生產過程對於經濟市場與政治市場的影
響，可以從行銷與閱聽者之間的互動關係來理解：商品行銷
的目的在於消費，閱聽者的消費行為是建立在商品訊息的意
識塑造過程上，因此，消費者對於商品的需求從原初的使用
價值轉變成交換價值之後，在商品訊息的塑造過程中、再度
呈現為消費者的使用價值，這項商品意識化的作用正是消費
主義式商品社會的實現條件；同理，政治行銷對於選民的政
治行為的作用，亦是通過對政治訴求的商品流通過程，使閱
聽者選民收受各種類同於商品訊息的政治訊息，從政治意識
的商品化塑造過程中達到商品認同。因此，消費主義所反映
的政治效應，正是選民對於現狀的自滿，合乎主流意識所要
塑造的消費型態，或者說，使資本主義式民主政治獲得了再
生產的意識化作用，從這個角度來看，「中間選民」的溫和
政治態度，正是以商品流通的物質供給與訊息流通的意識塑
造、這兩項因素在進行循環作用㉓（即生產與再生產作用）
下的一種現實反應㉔。

第三節　政治過程的生產與再生產

　　相對地，那些承擔著選戰成本與資本投資的政治人物，在進入決策過程中，必然會透過國家權力的行使來進行某種程度的回饋作用。政治商品化的主要效應除了表現在對公民意識的商品塑造之外，就在於決策過程私利回饋的結構化，也就是說，決策過程扮演著政策商品的生產流程。那麼，是何種因素在催化政策商品的生產作用？以及，它的結構關係是什麼？亦即，是誰在操控著資本主義民主之政治生產體系的運作過程？以及，該項運作過程的制度化結果的實際獲利者是誰？依照三種市場類比的關係型態來看，可以很簡便地得到如下的答案：假定，在競爭式市場型態的運作關係下，自利且理性的個別公民以共同參與的方式在維繫著民主政治，那麼，由常規運作所形成的制度化結果的實際獲利者就是參與的公民們；假定，在壟斷式市場型態的運作關係下，由政治精英實際操控著民主政治程序，那麼，制度化的結果必然是政治精英的利益獲取與分配上的常規化；假定，在國家干預的市場型態運作關係下，主導著民主政治過程的當事者是那些對政策過程具有影響力的參與者，那麼，它的制度化意涵不僅表現出政策參與者本身的利益常規化，同時，最顯著的特徵是那些在政策流程上的形式化國家機器各項組織、及其成員本身的利益。當然，這些答案只是將市場交換

體系的關係再度類比到政策生產體系，並沒有解開「再生產」的動態性質及其驅動因素的迷團。

在回答上述問題時，首先應釐清的是，當事者之間的持續互動，形成了一定的結構關係，這項結構關係也同時限定了當事者之間的互動方式，制度化或制度變革就是在確立或重建當事者之間的結構關係。在經濟領域上，當事者的互動取決於廠商潛在利潤極大化程度的經濟勢力以及對實際價格操控程度的獨佔勢力㉕，因此，壟斷式競爭的結構關係也必然呈現出大廠商特定利益上的優勢，這種不均衡的互動過程在該項結構關係持續發生規範作用的處境下，特定的優勢利益將愈趨鞏固。主要的理由在於，大廠商本身一開始就具備了較優勢的生產競爭力，特定大廠商在所屬產業規模當中所約定的「行規」進一步確立了產品生產的規格化，以及，透過「行會」的制裁力量與廠商同盟對產業規模的壟斷程度，使得特定產品成為標準化商品，以阻卻其他同類產品在市場競爭過程中的可交換性㉖。

相同的情形亦見諸於政治權力的意涵及其支配方式，就當事者的行為層次而言，A使B從事B所不願做的事，則A對B就產生了權力支配，當事者之間的非對等互動便蘊含了主動者的權力行使㉗；就制度本身的結構關係層次而言，任一形式的政治組織本身均是一種偏袒動員（mobilization of bias），主流價值、信念、儀式與制度程序便是有體系地且一致地以犧牲其他人的利益來成就特定人士與團體的利益㉘；就結構關係所產生的規範作用而言，依附於制度偏袒而形成

的特定利益與價值，必然促使掌握制度權力的當事者漠視了
被排除之其他人的眞實利益、以及權力行使過程中的潛在衝
突㉙。

　　這三種權力面向（行爲權力、制度權力、規範權力）之
間的關連性構成了精英階層當中「局部轉抬」的權力圈：在
行爲權力與制度權力的環節上，有權者決定了互動過程的遊
戲規則；在制度權力與規範權力的環節上，該項遊戲規則被
賦予了客體化的價值意涵；在規範權力與行爲權力的環節
上，該項價值意涵進一步使有權者的行爲方式獲得了正當
性，同時，也塑造了以該項價值意涵爲內容的制度（或組織
）文化，新進參與者必須認識到、並認同於該項文化內容，
方能順利取得晉升之階㉚，如圖5-3：

(圖5-3：權力的結構關係)

　　那麼，經由選舉過程所產生的政治精英，在政治行銷的
主導下，和資本家同時產生了資本投資與利潤計算上的連
繫，這項連繫進一步形成決策過程中的權力與利益的勾結，
乃至深化了下一階段的選舉過程的互動關係。因此，政治過
程的再生產性質必須從權力與利益的互動關係上來理解：(1)
從當事者的角度來看，個別資本家對特定政治人物的資本投

資，乃是爲了獲取某項人事互通或者／以及某項政策內容的
利益㉛，同樣地，個別政治人物爲延續其政治利益，必然對特
定資本家採取相對的回應，一旦選舉過程必須以大量資本爲
前提，那麼，在選舉－決策的雙向關係上，便呈現出以利益
互惠爲導向的政商關係，同時，資本本身所具備的獲利價值，
也必然成爲政商關係的規範內容，形成政策過程的商品文
化，人事安排與政策內容被認同是商品交換；另外，(2)從結
構關係的角度來看，利潤計算本身不僅是個別廠商走向購併
的因素，也是購併後的公司組織進行層級管理的形式規範
㉜，組織內受薪階級的勞動價值不僅取決於本身的勞動力，亦
受制於公司整體的利潤，因此，組織成員必須認同於層級管
理的制度化安排及其獲利規範，形成組織成員與組織本身的
一項利益共同體，才能持續獲取相對的勞動價值，任何一種
組織型態的持續發展，都必須是建立在行爲、制度與規範這
三者之間的結構關係上，在政治決策過程中，國家機器成員
的利益也必然要從這個角度來討論。那麼，國家機器本身的
利益是什麼？

　　如第三章所述，國家機器的歷史起源在於汲取社會資源
以及維持有效統治，這兩項作用事實上是建立在稅收與資本
累積的流通關係上，亦即國家稅收必須以社會的資本累積爲
基礎，國家機器的權力支配過程也必然是以增加社會資源爲
目的，或者說，經濟成長與官僚統治的歷史關係是建立在稅
制合理化的過程上，因此，國家機器的存在理由也必定是在
維繫社會的物質條件，這使得國家機器本身及其成員的功能

無異於公司組織體，那些從選舉過程中所產生的政治領袖，
正如同公司董事會的角色一般，致力於國家機器在增加社會
資源上的積極作用㉝，它的成員利益亦必然和國家機器本身
的利益相一致。從政策過程的特定功能來看，行政機器與生
產機器同時維繫著國家機器與經濟市場之間在商品生產過程
的互動關係，透過金融體系與財政體系來進行調節與管制（
如貨幣政策與財政政策），國家機器必須確立經濟市場本身
在資本累積過程的可獲利性，才能持續汲取所需的稅收，同
樣地，經濟市場的自主運作也必須透過國家機器來解決過度
壟斷所造成的低獲利率問題（如反托拉斯法）以及強化市場
投資條件（如基礎工程、獎勵投資條例），才能提供更多的
剩餘利潤，因此，從稅收與利潤之間的互存關係來看，「國
家機器在資本主義發展過程中，始終是扮演著有助於資本累
積的催化角色」（Heilbroner, 1993:77）；另外，相較於前
兩種體系的物質再生產功能，鎮壓機器與宣傳機器則是以制
裁與教化的方式對前屬物質再生產的關係進行著意識認同的
作用，由鎮壓機器與宣傳機器所表現的強制權力（或謂國家
權力）與前面所述三種權力運作的最大差異，在於這項權力
同時具備了物質控制以及意識塑造上的支配效果，並且界定
了個人在社會生活當中的行為標準（他的權利與義務），可
以說，前述三種權力運作的排他性質僅僅意涵著特定制度規
範的效力，這種局部性的強制力量致使個人可以依照其認同
程度而保留某種選擇權，至於國家權力則享有絕對且全面的
強制力，嚴格限制著個人選擇權的行使，因此，存在於社會

各部門的特定宰制關係（如勞動價值的剝削、族群對立的壓榨、性別差異的歧視等等）一旦透過國家權力的運作，便形成一種體系暴力㉞。在國家機器內部組織的協調作用之下，由行政機器與生產機器所負責的物質再生產功能順利運作時，所產生的成長與富裕的社會物質處境便透過鎮壓機器與宣傳機器的意識再生產功能，營造出自由與進步的社會意識；反之，當該項物質再生產功能受阻時，停滯與衰退的社會物質處境亦透過意識再生產而孕育出安定與秩序的社會意識。這種對應關係可以證諸於19世紀西方帝國主義以及20世紀法西斯主義興起的經濟與社會條件：前者是在少數大資本家於擴展海外市場、加速資本累積的獲利取向上，國家機器亦受益於龐大稅收，促成了重商主義與現代化（西化）在物質與意識上的再生產作用；後者是在大量中產階級受困於經濟條件惡化、生產剩餘不足致使國家稅收短缺的處境下，國家機器必須強行干預，促成了國家統合主義與國家主義在物質與意識上的再生產作用。同樣的作用亦表現在民主統合主義與官僚威權政體的初期處境當中（如前章所述）。

　　可以說，國家機器在政治過程上同時扮演著商品物質與商品意識的再生產作用，這些作用是依附在企業體（董事會與生產階層）與國家型態（執政者與國家機器）之間對應關係與共同利益的連繫之上，因此，國家機器愈趨龐大，正顯示所屬成員在物質條件與意識認同上均和資本累積的關係愈趨緊密㉟，也唯有不斷加速資本累積的程度，國家機器才能持續維護其自身利益與特定地位。同時，私人企業體與國家機

器的層級節制式理性化運作程序，亦顯示出所屬成員的個體式物質交換關係，個人利益與自我意識必須在這項形式化的運作程序當中獲得確認，形成組織嚴密且龐大的商品生產結構，無論是以國家資本主義型態或是以先進資本主義國家型態來描繪當代國家機器的擴張及其市場干預的程度差異，國家機器在消極意義上正扮演著去政治化（depoliticized）的物質管理角色，在積極意義上正促成了資本主義商品結構對政治過程的移植作用，一旦國家機器持續在資本累積過程中強化其物質再生產的關係，也就是說，一旦國家機器持續扮演著經濟發展的催化角色，那麼，國家的制裁與教化機器亦必然加速商品化意識的塑造。

　　表面上，大量的競選資本以及有效的政治行銷導致資本家與政治人物在決策過程中產生緊密的政商關係，實則是國家機器本身在催化資本累積的過程時，所呈現的龐大利益誘發了選舉過程與決策過程的商品交換關係，也就是透過國家權力來達到回饋效果：選舉過程中的政商關係反映出國家權力與資本累積間的互存性質，決策過程中的政商關係則是強化了國家權力與資本累積的持續依賴[36]。因此，資本主義民主政治的國家角色，從消極地維護市場機能的自主性、轉變至積極干預市場失靈，所面對的課題均是一致地促進社會物質條件的富裕，這項「國家利益」不僅表現出經濟處境對國家角色調整的影響，同時，也顯示著政治精英與國家機器成員的利益共通性，隨著國家機器的制裁與教化作用而嚴密控制著公私部門組織內的受薪階級，最顯著的效果就是伴隨著資

本累積過程的互利處境所進行的階級對立關係的轉化，使社
會成員在享受物質力量的同時，不僅樂於掏出腰包，也洋溢
著自滿的笑容。

　　總言之，在資本主義社會中，利潤是資本投資的必要條
件，投資則是維持生產、消費與就業的必要條件，只有在持
續維持一定的利潤條件下，方能同時促進生產投資與所得分
配，使勞資雙方同時獲利。國家機器的物質再生產角色即在
於維持投資環境以創造利潤條件，從國家工具論的立場來
看，國家政策必然是循著勞資雙方所認可的可獲利目標而制
定；從國家自主性的立場來看，國家政策也必然在稅收與資
本累積的互存關係上呈現出生產投資的獲利取向。因此，無
論就個別當事者（特定勞資團體或產業部門）對於國家政策
的滲透、抑或國家機器在資本累積過程中的結構關係而言，
維持一定的生產投資利潤以擴大所得分配的此一目標則是一
致的，這項目標事實上即反映了資本主義民主政治運作過程
的政經紐帶，如圖5-4：

　　　　　　　　　　正當性
　　　　選舉　←ーーーーーーーーー　政策
　　　　過程　ーーーーーーーーー→　過程
　　　　　　　　　　累積性
　　　　　(圖5-4：政策過程的生產流程)

例如，某項有利於勞資雙贏的產業政策，必然會在選舉過程中獲得受益者的支持，同樣地，持續維繫資本累積的投資環境，亦必然使勞資雙方同時向執政當局輸誠，國家機器便在這項關係上擔負著資本主義與民主政治的再生產環節。

　　因此，由「政治市場」所表現的交換體系，它的流通動因乃是源自於政治過程的生產體系，這項生產體系乃是建立在國家機器與資本累積的互存關係上，一旦國家機器的角色愈強勢、組織體愈龐大，透過權力支配所可掌握的社會資源亦愈多，愈能誘發並強化決策過程此一政治生產體系當中的政商關係，當然，也進一步衍生了選舉過程此一政治交換體系的商品化傾向。社會階級關係一旦表現出共存互利的利益妥協立場，「政治市場」便只是物質交換的市集，那麼，交換體系的商品化傾向亦進一步強化了生產體系的商品化。如圖5-5：

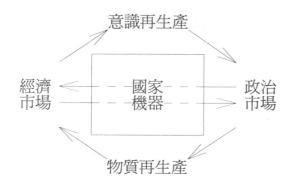

(圖5-5：政治商品化過程的國家角色模式)

　　在資本主義民主的框架中，國家機器的中介角色（如圖5-5所示）正好說明了利益、權力與意識型態三者之間的聯結關係，經濟市場的運作型態得以「如實地」再現於政治市場過程當中，最重要的因素即在於國家機器所擔任的再生產作用，甚且可以說，無論國家機器的自主程度或權力行使內容為何，從歷史社會學角度所理解的國家機器，它的存在理由就已經表明了是在維護生產體系的完整發展，國家機器不僅參與了資本主義的生產行列（即state in capitalism），同時，自身也成為資本主義體系的一環（即capitalist state）。當然，這並不是說國家政策始終依附於社會統治階級的利益而制定（在某些實質內容上，反而抵觸了若干個別利益，如社會福利政策），也不是指國家政策受到一股抗拒反資本主義勢力的結構因素所推動（在某些發展歷程上，甚且逐漸淡化資本主義的原初色調，如統合主義之路），國家權力的行使不僅未必是在反映資本家階級偏好，甚至於明顯地違背了階級偏好，究其原因，正是國家機器已然自我樹立成一項對資本主義的重整機器（Miliband, 1991:31），這項重整機器即在於確立、維繫並強化資本主義商品交易的形式與過程（Habermas, 1975:50-1; Offe, 1984:123），進一步鞏固資本主義社會的生產關係。可以說，從階級關係所理解的國家角色，不僅是階級互動過程的媒介、資本主義商品化過程的媒介，亦跨越了特定統治階級的工具意義，進入對資本主義社會進行再生產作用的關係結構當中。

註　釋

①民主政治不僅是資本主義發展的產物，由政治市場觀念所架構的政治理論，亦可說是市場經濟理論的後續理論。Schumpeter即認爲，「從歷史上看，現代民主政治是隨著資本主義而產生，並相輔相成，……現代民主政治乃是資本主義過程的一項產物」（1976: 286-7）。這項看法亦證諸於Macpherson的詮釋：「自由主義式民主政治的確是市場社會的後起產物；市場社會最先需要的是自由的國家，而不是民主國家：被當成是對非民主之選民加以回應之政黨競爭而運作的自由國家。只有在資本主義市場社會所產生的勞工階級壯大到足以加入競爭、壯大到他們的需求足以在競爭過程中具有份量時，方才出現民主的參政權」（1966:　35,　37）。至於Schumpeter所開啓的政治市場觀念（政治人物等同於企業主），在50年代深深地影響著以Downs爲代表的政黨與選舉研究風潮，這項〝市場寓言〞正是美國政治學界一大主流（參見,Almond, 1991:35）。

②依多元主義立場所建立的民主政治理論，應該是以Dahl的「多元政治」（polyarchy）最具盛名。他認爲，從民主政治的發展歷程來看，多元政治可以分爲三期：第一代多元政治（1776-1930）是由民衆推舉代表間接參與決策，民主代議制的決策內容簡單；第二代多元政治的形成（1950-59）則是由決策過程的各種龐大的分殊化組織與專家所操控，決策內容愈趨專業化，且逐漸與民衆的常識無關；第三代多元政治（1980-）的重點則是試圖建立一項「循序接近方式」（process of successive approximation），透過電子媒體

的技術中介，使專家決策廣納民衆需求，亦即縮短精英與民衆之間
的距離，例如：儘可能讓所有公民獲知政治議題的訊息，提供更多
的參與管道（Dahl, 1989: 234, 336-9）。這三種多元政治所意涵的
決策方式（授權、專家、參與），正好符合了古典民主理論的代議
價值、精英民主理論的政黨意義，以及後精英理論（多元精英）的
政策參與要求。

③依Beetham的看法，市場與民主之間的理論關係，可區分成四種：「
(1)必然定理（necessity theorem），市場是民主的必要條件；(2)類
比定理（analogy theorem），民主政治最適合從市場模式的類比來
理解；(3)優先定理（superiority theorem），市場體系比其他任何
體系更爲民主；(4)無能定理（disability theorem），政治的過度民
主有損於或無益於自由市場運作。每項定理均從自由理論的市場價
值當中精選其詞彙。〝必然定理〞將市場界定成個人自由的必要場
所（如M. Friedman）；〝類比定理〞讚美市場的自主性的奧妙，
銜接著個人私利與社會公益（如A. Downs）；〝優先定理〞強調
著消費者至上以及市場對大衆需求的回應；至於〝無能定理〞則
是著重於市場的可獲利之經濟原則來說明政治意義（如S. Brittan
）」（Beetham, 1993:188）。這四種觀點均是建立在政治市場的論
述立場之上來檢討民主政治的性質與意義。

④理性選擇的觀點是假定著個人行動的私利目的、一致的偏好順序，
以及依最佳的偏好來選擇行動，這三項條件構成了個人的理性行爲
（參見Monroe, 1991:4），由這項觀點所建立的理性選擇理論，它
的方法學基礎是根據個體主義以及前述的個人理性行爲的「合理
」過程（參見Almond, 1991:38）。

⑤正如Macpherson所言：「在經濟模式中，企業主與消費者被認定是

自身利益的理性極大化者，在自由競爭的條件下運作著，所有資源均進入市場，使市場出現勞資雙方及消費財的最佳分配。同樣地，在政治模式中，政治人物與選民被認定是理性的極大化者，在自由競爭的條件下運作著，類同於市場的政治體系，出現政治資源的最佳分配。」（1977:79）。

⑥在這項類比關係下，「民主只是一部市場機器：選民是消費者，政治人物是企業主。無疑地，首先提出這項模式的，是一位專研市場模式的經濟學家。同樣地，政治學者（以及公關人士與公眾）把這項模式看成理所當然，乃是因爲他們亦身處在、並活動於由市場行爲所充斥的社會當中。市場模式不僅與政治體系相對應，亦可用來解釋主要構成體的眞實政治行爲──選民與政黨；同樣地，似乎也爲這些行爲、乃至整個體系找到了合理根據」（Macpherson, 1977: 79）。

⑦由壟斷式市場模式所發展的均衡式民主，它的主要命題是「(1)民主只是選擇政府以及使之具有權威效力的一部單純機器，旣非一種社會型態，亦不具備道德目的；(2)該部機器包含了兩組或更多的自行選擇之政治人物（精英）的相互競爭，結合在政黨裡頭，以選票取得統治地位，迄至下次選舉爲止。投票規則不在於決定政治課題，僅在於決定由誰來代表」（Macpherson, 1977:78）。

⑧Miller即認爲，Schumpeter與Downs對於政黨政治的自利與理性的觀點，和眞實的政黨競爭具有如下的差兵：「(1)選民偏好有時是由政黨所塑造；(2)選民對特定政黨的認同有時會優先於政策；(3)政黨勾結所產生的政策有時會離棄選民；(4)政黨領袖的意識型態信念有時會無視於勝選策略；(5)特定的政黨成員具有相當影響力使政黨偏離中間地帶。前三項情形與Schumpeter的看法較接近（即：

取向塑造、政黨認同與勾結），後兩項情形便非Schumpeter所可預見（即：壟斷式生產者不僅運用制式技術進行市場塑造來獲利，更積極地確信他們所銷售的商品意義，拒絕迎合消費者品味）」（1983: 146-50）。

⑨關於這種形式監督的可能性，Sartori樂觀地表示：「我們如何從（民主程序）方式中得出民主結果呢？我認爲，Friedrich的〝預期反應〞原則或規定就已經說明一切了。這項規定很容易加以說明：當選的官員若想尋求連任，便受制於在他們進行決定時，會預期（期望）選民對該項決定的反應。預期反應的規定使投入與產出之間、程序及其後果之間產生銜接。那麼，較完整的界定就是：民主乃是領導人徵補的一項競爭方式的產物。這是基於選舉的效應；從反饋過程來看，也會致使當選者留意到他的選民的力量。簡單地說，民主是由競爭式選舉當中產生」（1987:152）。

⑩Schumpeter稱之爲租稅國家的擴張，「一旦國家成爲一個實體以及社會制度的一環，一旦成爲政府機器成員的重心並集中了他們的利益，最後，一旦國家被承認是適合處理衆多事務……，一旦這些情形都出現了，國家的發展……就不能僅就租稅角度來審視……，而是深入到私人經濟……，同時在資本主義世界當中創造了自己的經濟領域，並成爲一個企業體」（1991: 110-1,116）。

⑪選民的理性投票行爲是按照如下的公式來說明：

$$R = PB + D - C$$

R：預期效用　P：或然率　B：某位候選人的效用

D：參與感　C：投票成本

其中的PB（當選的效用分配給每位支持選民）在投票人數愈多的情形下，必然會小於C，因此，一般選民的預期效用通常是由D－

C來表示，而不是PB（對於與候選人有直接利益關係的選民），這
說明了社會地位與條件愈高者，愈具備投票意願。

⑫訊息對投票行爲的影響，通常是由兩種投票模式來解釋：⑴政策模
式（或預期模式），選民依候選人所提出的政見承諾來投票；⑵回
顧模式，依選民的過去經驗（尤其是短期經濟處境）爲投票依據。
但是，選民通常對訊息的獲知不完整（例如選擇性的記憶，媒體的
篩選），對訊息的判斷亦不同，乃至受到外部訊息的影響（如重大
事件或陰影），而左右了投票意願及取向（參見Alt ＆ Crystal,
1983: 162-72）。

⑬K. Arrow提出「不可能定理」（impossible theorem）的社會福利
函數問題，指出Pareto最佳均衡狀態的困境所在。假定三位決策者
分別對A、B、C三種政策提出不同的偏好順序：
　　Ⅰ：A＞B＞C　Ⅱ：B＞C＞A　Ⅲ：C＞A＞B
　　那麼，就產生A＞B＞C＞A……的矛盾，亦即，在訊息完整且偏
好明確的情形下，多數決定未必會得出一致同意的偏好（或公益
），這時就會產生策略性投票方式來解決，通常，關於決策過程的
投票規則或制度，都會存在這種「勾結」情形（參見Aranson,
1989: 109）。例如，由Ⅰ主導的投票程序時，Ⅰ先行與Ⅱ取得了B＞
A＞C的偏好協議，再與Ⅲ達成A項政策，最終還是Ⅰ獲得優勢。

⑭關於市場失靈的原因，始終存在著兩種截然相反的解釋：來自外部
因素或市場本身。前者的看法是：新古典經濟學者認爲市場失靈是
政治勢力介入的結果，唯有排除政治干預，市場即能自行運行；公
共選擇學派則認爲市場失靈是源自公共財的不當規定，具有成本移
轉性質的準公共財（如教育、公園）應該採取使用者付費或自建自
償原則，至於純公共財（如國防、外交）則容易形成資源浪費（即

搭便車），應該儘可能減少支出，如此方能維護市場機能。另外，從市場本身的問題（如獲利率下降、失業、通貨膨脹）來理解市場失靈的看法，則認爲政治干預有助於維繫市場機能（如凱因斯學派、馬克思主義）（參見Pitelis, 1991:96-8）。

⑮Riker認爲：「不同的制度會以不同的方式將個人偏好帶入公共選擇的過程中，相同的制度在不同的環境之下亦會有這種現象，人們在面對制度時會有各種偏好，制度本身亦可以成爲被選擇的對象。……最好是將制度看成是僵化的品味，……假定……某項制度被大部分參與者視爲索然無味時，很有可能會加以重組，……依這種觀點，規則或制度在政策空間上就更爲多樣，一套行之久矣的規則可以被另一套規則取而代之，……因此，最終結果是制度亦僅一種規則罷了，且規則本身正是社會決定的產物」（1980:444-5）。在這項觀點下，Miller便提出如下的主張：「把競爭式民主（放在國家層次）和參與式民主（放在地方層次）結合起來」，它的優點是：「(1)人民享有參與的利益；(2)小型議會可避免直接民主所產生的無效率；(3)不滿的少數可以享有表達機會；(4)有助於從地方部門中產生更好的候選人，使競爭體系更有效率」（1983: 154）。

⑯關於政治市場觀念的評價，Macpherson認爲「近幾十年來許多學者將民主政治過程當成競爭式市場經濟的一項政治類比。這些解析並不深刻。他們把政治過程當成一種既存的、眞實的經濟關係的互賴與控制過程：他們探討著一項消費者至上的經濟模式，但並未認識到各個消費者的權力追求乃是受制於他們所處的生產關係」（1987:102-3）。

⑰美國戰後的政治過程就是最佳證明。政黨認同（包括輕度認同）的比例呈現下滑低盪，獨立選民的比例則相對增加（資料來源：

Asher, 1992:77）：

大選年	政黨認同：百分比(民主/共和)	獨立選民：(百分比)
1952	74%(47/27)	22%
1956	73%(44/29)	24%
1960	73%(46/27)	23%
1964	75%(51/24)	23%
1968	69%(45/24)	30%
1972	63%(40/23)	34%
1976	63%(40/23)	36%
1980	64%(41/23)	34%
1984	64%(37/27)	34%
1988	64%(36/28)	36%

相對地，選民對政黨與政府的效能感亦逐年降低，如下表所示：

大選年	政府效能:百分比	政黨效能:百分比
1964	68%	44%
1968	62%	39%
1970	59%	34%
1972	56%	27%
1974	52%	23%
1976	53%	18%
1980	52%	18%
1984	43%	(不詳)
1988	38%	(不詳)

（資料來源： ibid.,: 77)。

⑱利益團體理論的代言人D. Truman即認爲：利益團體與政黨的關係，一方面表現在政黨的各級會議領袖往往是各種利益團體的領袖，另一方面則表現在利益團體介入政黨的各項選舉過程，例如提供組織關係以及經費來交換政黨與候選人對利益團體的承諾，或是以誘導成員支持合於口味的候選人的方式來交換承諾；除此之外，利益團體亦經常對政府各分支組織（立法、司法、行政）及其次級部門（各委員會）進行遊說，可以說，任何一項政策均可找到利益團體滲透的痕跡（參見Truman, 1951: 228-9,286,319,391-3, 498）。

⑲政治競選可以依照兩項關鍵因素——專業化與媒體——構成四種類型：(1)政治行銷，即媒體的專業化操作；(2)抗議活動，即媒體的非專業操作；(3)專業組織者，即人際接觸的專業化操作；(4)政黨機器，即人際接觸的非專業化操作。如下表：

選戰經營 溝通工具	專業	非專業
媒體	政治行銷	抗議活動
人際接觸	專業組織者	政黨機器

政黨機器取向是傳統的競選方式，政治行銷則是新興的競選方式（見Mausser, 1983:50-1）。

⑳Denver即認爲：「電視的成長對於現代社會的選舉競爭具有革命性的影響，它的重要性在於普遍進入大眾生活當中，成爲選民獲取政治訊息的最主要來源。……在一定程度上，政黨及候選人被當成咖啡或蜂蜜商品般地依同樣方式進行廣告，……佘契爾夫人當上黨

揍之後,講話不露牙床、髮型重新塑造、衣著刻意講究,並將音調壓低成不男不女的中性聲音,當上首相之後,特別加強演說的氣勢與表情。……總言之,現代選戰是媒體選戰,一般選戰與電視選戰的區別已不存在,政黨與候選人最終均是電視的囊中物」(1992:415-7)。

㉑美國全國性大選利用政治行銷的情形,可謂淵源流長,例如,報紙廣告首見於1916年,自1920年起,勝選者的廣告支出比落選者的花費更鉅;1936年羅斯福首次採取廣播選戰;1950年參議員選舉初次使用電視廣告,隨後艾森豪競選總統的第一次電視廣告就花費150萬美元。雷根算是最懂得利用政治行銷的政治領袖,在1966年加州州長競選時,便以電視演說塑造個人魅力(參見O'Shaughnessy, 1990:25-8, 186)。媒體選戰在總統大選年(1952-1988)被候選人倚重的程度,如下表:

媒體	1952	1956	1960	1964	1968	1972	1976	1980	1984	1988
報紙	79%	68%	80%	78%	75%	57%	73%	71%	77%	64%
廣播	70	45	42	49	41	43	45	47	45	31
雜誌	40	31	41	39	39	33	48	35	35	25
電視	51	74	87	89	89	88	89	86	86	95

(資料來源: Asher, 1992:240)。

㉒政治行銷已成爲國際趨勢,對政權的穩定以及政治社會化均有正面影響,以色列在1981年由媒體主導的大選經費就超過9百萬美元,委內瑞拉1983年大選更達2億5千萬美元(參見O'shaughnessy, 1990:248)。當然,美國大選的經費攀升更是有目共睹的,如下頁表:

Year	Republican		Democratic	
1932	$2,900,052	Hoover	$2,245,975	Roosevelt
1936	8,892,972	Landon	5,194,741	Roosevelt
1940	3,451,310	Willkie	2,783,654	Roosevelt
1944	2,828,652	Dewey	2,169,077	Roosevelt
1948	2,127,296	Dewey	2,736,334	Truman
1952	6,608,623	Eisenhower	5,032,926	Stevenson
1956	7,778,702	Eisenhower	5,106,651	Stevenson
1960	10,128,000	Nixon	9,797,000	Kennedy
1964	16,026,000	Goldwater	8,757,000	Johnson
1968	25,402,000	Nixon	11,594,000	Humphrey
1972	61,400,000	Nixon	30,000,000	McGovern
1976	23,186,641	Ford	24,600,000	Carter
1980	46,565,818	Reagan	32,944,670	Carter
1984	77,300,000	Reagan	71,100,000	Mondale
1988	93,600,000	Bush	106,400,000	Dukakis

（資料來源：Asher:1992:210）。

㉓正如Miliband所言，「且不管大衆媒體意圖要達到何種其他效果,它的一項意圖是在協助抑止勞工階級意識的發展,並儘可能化解激進想法。這項企圖的執行方式千變萬化,達到的程度亦因時地而異。……然而,事實依然是〝擁有物質生產工具並任其擺佈的階級〞必然〝同時對物質生產工具加以控制〞,並試圖運用來弱化那些反對既存秩序的異議聲音」（1977: 50）。

㉔也就是「需要塑造了文化反動,文化反動亦順勢塑造了需要本身」,「今日的符號消費並不僅限於精英,而是包括所有的社會階級。透過價值—符號的架構,統治階級控制了符碼,呈現出〝一種比剝削關係更爲堅實且極權式的權力與控制結構〞」（Terrail,

1985:13.29）。一個實例是英國工黨與勞工階級之間的曖昧關係，英國擁有超過60％的勞工人口，也存在著一個屬於勞工階級的政黨，但是，「當經濟富裕開始彌漫於工人階級之際，1959年保守黨……提出〝你從未享受過如此空前美好的現狀〞的競選口號而再度獲勝，一個擁有⅔人口的勞工階級……卻使工黨仍然只是在野黨。其原因在於消費主義使逐漸自滿的工人階級支持保守黨」（Bocock, 1993:23）。政治嘲諷（political cynisism）一直是英國政治文化的普遍心態，工人階級的投票取向不必然是一種自發性或抗議性的政治行動，而是消費主義的心態反映（參見Topf, 1989:72-3）。

㉕「對某些廠商而言，價格的小幅變動是導因於消費者購買產品數量的大幅變化，在實際交換過程中，該廠商對價格的選擇愈是受限，則獨佔權力愈小……，獨佔權力可以在無形中增加公司的潛在可獲利性……，即在於獨佔勢力與經濟勢力是相關的，小鎮報紙具有獨佔勢力，在於可以操控價格……，商業勢力的合作（購併）便是獨佔勢力與經濟勢力的結合」（Karier, 1993:4-5）。

㉖農業社會的原始資本累積過程就已經呈現出壟斷的現象，「生產者累積其資本並將簡單的生產方式轉化至資本主義的後續發展階段，他的能耐同時受到行會與商會壟斷、以及封建國家保護下之地主集聚地租等不公平競爭所限制」（Lachmann, 1989: 55）。

㉗這是Dahl著名的權力概念的界定內容，偏重在決策過程的當事者行為，在特定議題（或偏好、主張）的外顯衝突中，A使B改變其意志而同意A的主張，當然，這就假定了所有當事者均具有自主的決定意志，並自由地表示其看法，Lukes即認為這是依自由主義（或多元主義）的立場所建立的單面向權力觀點（參見Lukes, 1974:11-5, 25, 34-5）。

㉘相較於前一種多元主義式的權力觀點而言,制度面的權力關係的看法則是從精英互動所產生的遊戲規則之內容來解析「何以選擇某項議題,而不是其他」,這種「偏袒動員」是由Schattschnider提出,Bachrach與Baratz引用來審視決策過程與非決策過程的兩面向權力關係,由被壓制的外顯利益來説明制度本身的權力性質(參見Lukes 1974: 16-20,25,34-5)。

㉙這是Lukes著名的三面向權力觀點,他認為權力是一種利益關係,前述的兩種權力觀點均是從個人的角度來看待顯見的利益衝突,並一廂情願地忽視潛在衝突的對立問題,也就是只著重在獲取(power to)的過程,不觸及意識層面的宰制(power over)關係(參見Lukes, 1974:21-5,31,34-5)。

㉚統治精英階層的利益鞏固與人事互通,便是在這種權力關係之下運作,進一步形成政治權力(power)、經濟財力(property)以及社會特權(privilege)之間的3P結構關係,透過政治權力來累積經濟財力與社會特權;透過經濟財力來支配政治權力及獲取社會特權;透過社會特權來取得政治權力與經濟財力的有利機會。在精英階層中,文官可以成為武將、武將可以成為政客、政客可以成為財閥,儘管各有其特定利益,但是,精英階層的人事互通正好顯示出它的共同利益所在,通常,這項共同利益很明顯地表現在佔據大量社會資源的軍火工業(即軍產複合體)以及重大經濟建設計劃當中,個別精英必須與這項共同利益相結合,方能實現其特定利益(參見Mills, 1956: 288; Sweezy, 1968: 124,128-9)。

㉛以雷根與布希政府為例,在1980-90期間,美國商業大亨入主內閣的比例就高居不下,包括國務卿(R)、國防部(R)、司法部(R. B)、財政部(R.B)、商業部(R.B)、勞工部(R.B)、內政部(

R）、住都局（R）、健保部（R）、農業部（B）、運輸部（B）、能源部（B）（參見Karier, 1993:186）。

㉜獲利率是購併的合理化解釋，持這種看法的人認為⑴股份集中會增加經濟勢力，使股份價值提高（合資分紅）；⑵集中資本進行量產會提高生產效率而增加獲利（即：成功的企業是受到高效率、高利潤的鼓舞）。從歷史發展來看，購併高峰期是在1899-1901年，資產總額超過美國GNP的10%以上，迄至1984-90期間，亦維持在5%左右（參見Karier, 1993:54.134-5）。歐洲共同體成員的企業購併情形，在1985-91年平均每年亦達413件次（參見Dietrich, 1994: 151）。這些數據再再説明了市場壟斷乃是先進資本主義國家的經濟常態。

㉝從某些個別事例來看，當事者之間會產生利益矛盾（個別資本家v.個別政治人物），使特定政策（如工資條例）出現反向操作的效果，而損及資本家利益、或迎合勞工階級。這種個別性的、短期的政策似乎有違國家機器與資本累積之間的互存利益，也經常被資本家質疑國家政策的合理性。然則，從長期的結構關係來看，國家機器所代表的乃是階級關係的政治利益，也就是説，國家機器的存在理由並不只是資產階級的一項單純工具，而是反映出整體階級的利益，這項利益由於是有助於資本家的利益處境、並受到資本家階級的獲利因素所趨動而形成互存的結構關係，因此，國家機器的性質必然是在維護資本家階級的整體利益，也就是説，「國家機器界定了並防衛著有助於私利追逐之遊戲規則的一種社會秩序。在這些規則下，資本家階級的利益（例如，私人財富的累積）原則上是被保護的」（Caporaso & Levine, 1992: 77）。這些規則的基礎便是獲利理性，資本家的獲利理性當然不等同於勞工的獲利理性，最多也

只是不均等的獲利分配；同樣地，資本家階級的整體獲利理性，亦不等同於個別資本家的獲利理性，差異性的獲利分配也必然存在。國家機器「可以採取且一直在採取各種規則來改變經濟選擇，乃至某程度的獲利計算，個別生產者可能因而獲利或犧牲，也可能試圖去説服當局依其偏好而改變規則」（Wallerstein, 1983: 21），國家機器之所以始終反映出資本家階級的利益，理由即在於資本累積所表現的政經勢力不僅是國家機器的存在依據，同時，更重要的是，國家機器的自身利益是和資本家階級的整體利益具有相同的處境。

㉞體系暴力的形成必須是同時透過鎮壓機器與宣傳機器的權力行使，達到制裁與規範的社會化目標，這種現象幾乎遍存於政治史實的每個階段，奴隸制度就是族群壓榨的體系產物，國家恐怖主義就是階級剝削的體系產物，父權政治就是性別歧視的體系產物，一旦某一階級（族群或性別）完整且持續地掌握著國家機器，那麼，基於自身利益之保障所表現的政治控制型態，便具體表現在各種法律規範與社會意識的內容當中，相對地，那些受到體系暴力所壓制的個別對象，不僅面臨著「合法制裁」的行為約束，同時，也被迫自限於「正義規範」的意識牢籠當中。

㉟國家機器的膨脹是當前社會（無論是資本主義社會或共產主義社會）的共同現象，Galbraith指出「雷根、布希、佘契爾夫人這些年來得以享受權力的原因，只是基於先前有效的公共行動使大多數公民的經濟生活舒適且安逸，結果是這些公民變得自滿且保守。⋯⋯官僚組織逐漸持續增加其過度負荷的角色⋯⋯，造成了大量雇員的成本浪費與死賴。⋯⋯但是，最重要的問題在於官僚的自圓其説，這種現象在美國是司空見慣了，我們的巨額軍事措施⋯⋯迄今仍在

爲維護其需要與戒心而努力奮鬥著,這和長久以來堅持其意識型態
及預算擴張的看法並無二致」(1991:69-70),前蘇聯國家的情形
更爲明顯,Mandel即認爲「並不是(社會主義)計劃造成了蘇聯官
僚的肥腫,相反地,是官僚權力使蘇聯及類似社會型態產生了特定
的計劃方案……,蘇聯官僚統治與資本主義的相同點均是通過科技
創新與方法的結合來維持或增進生產過程的勞力控制……,官僚本
身的意識型態就是將商品崇拜結合在國家崇拜當中」(1992:37,
43,47-8)。

㊱這種依賴現象尤其表現在土地政策與獎勵投資條例的內容,以及一
般稅制所表現的形式共生關係(即結構依賴),參見Przeworski &
Wallerstein, 1988:21-2,24。

㊲階級對立走向階級妥協的前提是受雇者認識到在既存資本主義社
會之下仍能獲得相對的利益,從理性自利的角度來看,當工人與資
本家均處在不確定的處境之下,階級妥協就無法達成,妥協的條件
必須至少有一方的處境是明確的,至於共識的內容則是由較明確的
一方所決定。由階級妥協所構成的國家政策,必然是有助於資本主
義的再生產(參見Przeworski, 1985:134,146,197,202; Przeworski
& Wallerstein, 1982: 236)。

㊳國家工具論與相對自主的爭議,固然各有其執著的理論內容,然
則,最簡單的區分就是從其立場來看;在政策過程中,工具論的立
場是就其制定面來考量,也就是階級關係對國家政策的影響;至於
相對自主的立場,則是就其執行面來考量,也就是國家政策對階級
關係的影響。

●第六章●
商品體系的政治價值

　　無論是從國家機器與資本累積在歷史形成過程的互存關
係而言，或是就國家機器對於資本主義的物質與意識再生產
過程的結構關係來看，晚近資本主義的結構化以及全球性的
演進，在一定的程度上，均有賴於國家權力的催生作用①：
資本主義社會的自主型態表現在國家機器對於階級對立關係
的調整上，一方面將階級鬥爭的議題吸納至國家政策的形成
過程中，一方面則是以國家政策（透過國家權力）塑造了階
級對話的雙贏空間及其意識，也就是說，國家機器在資本主
義發展過程的國內環境中，其主要的作用是將階級對立的潛
在武裝衝突關係轉化成利益協商關係；至於資本主義本身的
全球化，則是表現在國家機器所處的國際政經分工體系的相
對角色上，一方面是國家機器在國際資本與其國內資本當中
的中介關係，一方面則是國家機器在國際新秩序上的自主關
係，也就是說，國家機器在資本主義世界體系形成過程的國
際環境中，其主要的作用是將資本國際化的潛在矛盾對立關
係轉化成相對的依賴發展關係。那麼，國家機器對資本主義
的再生產作用，必然地是要從「階級關係—國家機器—世界
體系」的論述架構來理解其動態。

　　在這項架構之下，無論是先進資本主義國家或後進國
家，就「核心—邊陲」的生產與流通關係來看，國家預算所
意涵的總體發展利益，事實上就是國家機器自身利益的擴
延，所謂社會總體利益的實質內容，則是依照國家機器與社
會統治階級的親近關係而表現出不同的分配差異，這就是國
家機器在晚近發展階段，受到外部世界分工體系以及內部社

會階級關係之流動過程的影響，而持續擴張的合理化基礎所在②。在面對國家機器持續擴張的事實之際，必然會觸及到一項廣受昔日學界爭議的重大課題，那就是國家機器與市場的關係：在理解的立場上，國家機器與市場體系被當成兩個可加以區隔、且相互對立的實體，各自依其存在性質而運作；在理解的關懷上，國家機器與市場體系正好處於相互替代的兩極，前者的存在理由是取代市場分配的不平等，相對地，後者的存在理由則是取代國家生產的無效率。這種素樸性的理解立場固然已面臨著來自歷史研究的嚴格考驗（如第三章第三節及第四章所述），然則，它的對應關係及其關懷立場仍有必要進一步釐清。

第一節　國家與市場的體系關係

把國家角色放在政治商品化的框架當中來考量，乃是基於資本累積與階級矛盾這兩項處境關係分別在經濟市場與政治市場所產生的銜接作用。如第三章第三節所述，國家機器與經濟市場的互動是通過社會資本所支付的租稅能力而呈現其互存共榮的關係，社會資本積聚效果愈顯著，則國家機器的財政結構愈健全，此即「國富」的第一要務，無論是從個人自利立場來看，或是就國家機器的自主角度出發，乃至於就整體社會的富裕觀點而言，國家機器所承擔的優先任務便是維繫社會物質生產，唯有在資本累積的條件下，國家機器

方能持續獲取有效資源來行使其例行性的規範權力，因此，在這項循環關係下，國家財政收支的動態平衡即反映了經濟市場的穩定性，相對地，經濟市場的危機所導致的國家生產機器強勢干預，不僅改變了國家機器本身的財政平衡關係，亦表現出國家機器與經濟市場的結構互動。從「再生產」的意義來看，由國家財政的動態平衡所反映的社會物質生產的持續與增長，便是以行政式機器為主導對經濟市場進行的再生產作用，至於由國家財政赤字所反映的社會物質生產的穩定與抒困，便是以生產式機器為主導對經濟市場進行的再生產作用。這兩種階段角色一旦互易其位，對經濟市場而言，就呈現出「非再生產」的效應：在經濟市場發生困境的處境下，國家行政式機器的消極回應即是一種「有虧職守」的規避作用，因此，「國營企業」同時肩負了挽救市場體系與維繫政權穩定的經政效果；在經濟市場持續增長的處境下，國家生產式機器的積極干預即是一種「與民爭利」的剝削作用，因此，「國營企業民營化」同時肩負了釋出投資空間與藏富於民的經政效果。這種「再生產」的對應關係，不僅表現在三〇年代以來的實存處境當中（如第四章所述），也說明了國家機器權力面向的消長對於資本主義社會物質生產的互動作用，那麼，爭議的焦點就不是國家如何與市場對立，而是國家機器如何調整與市場相對應的角色。

從個人自利立場所鋪陳的以市民社會經濟生活為基礎的觀點，始終一貫地認為，國家機器的存在理由必須局限在如史密斯所宣稱的「安全」、「基礎工程」、「教育」這三大

任務裡頭。就資本累積的觀點來看，「安全」指的是維護市場體系運作（相對於外國勢力入侵而言，即國防）以及保障私有財產自主支配（相對於國內不法竊佔而言，即治安），「基礎工程」指的是提供必要的物質投資環境（相對於高成本或／且低收益的基本資源而言，即公共工程與設施），「教育」指的是提高生產力以及培養新進勞力（相對於勞動市場的有效供給而言，即職前教育），更重要的是，這些任務應該維持其最少且必需的程度，讓經濟市場的自主空間儘可能擴張③。這種觀點是建立在市場機能的自行癒合（自生）及恆常均衡（自主）的前提（或者說是物競天擇的自然律）之下，國家機器只是在社會當中扮演著從屬的輔助功能，維持其鎮壓式機器（相對於安全而言）、生產式機器（相對於基礎工程而言）以及與物質生產相關的宣傳式機器（相對於教育而言）的最低程度運作，來支撐行政式機器與經濟市場之間的租稅關係。當然，如前所述，在經濟市場持續增長的處境下，國家機器的消極角色恰如其份地在執行社會物質再生產的作用，一旦市場機能運轉失靈，如三○年代經濟蕭條的動盪處境一般，那麼，無論從物質生產或社會安定的觀點來看，國家機器的積極干預均是必要的選擇策略。這項角色轉化不僅持續了資本累積的進程，亦形成國家機器的結構化擴張，國家資本主義（或泛稱國家干預式資本主義）的經濟型態即明確呈現出生產式機器的茁壯，以及最重要的是國家機器本身利益的定型化：國家機器成為社會物質的大生產者與大消費者，在民間資本與國際資本之間的商品圈當中進行

調節作用（如統合主義及官僚威權政體）。表面上，這項調節作用是依據國際分工層級在維護國內社會的整體利益，實則與舊式重商主義的經營型態並無顯著差異，國家機器在國內外關係當中的權力行使面向仍然與社會政經勢力緊密結合著，最大的不同點只是從征服海外市場轉變到維護國際經濟秩序的處境變遷，在經過兩次石油危機之後漸趨平穩的經濟情勢下，即使連標榜著經濟自由主義遺緒的英美新保守主義政權所推動的國家機器減肥計劃，開刀的對象仍然僅限於非營利性的福利部門以及虧損中的國營事業，而不是與軍產複合體關係緊密的國防支出④。

因此，從資本累積的角度來看，國家機器與經濟市場之間存在著一項由權力消長所呈現之利益共存的動態關係，市場規模的擴張以及市場體系的穩定必然伴隨著國家機器的成長以及國家權力面向的消長。這種消長關係，不僅是在民間資本與國家資本的協調過程中獲得互利的動態平衡，同時，亦受制於國際資本的壓力，改變了國家機器的權力面向。國家機器在和經濟市場相對應的角色調整過程中，所呈現出來的差異亦僅限於國家各項次級組織之權力面向的消長，國家機器並不因此而喪失或減弱其自利且自主的地位，可以說，權力面向的消長乃是國家機器在進行資本主義社會再生產作用下與經濟市場相對應的角色調整。正如同特定政策可能損及資本家的利益一般，權力面向（或政策）的改變亦可能損及既存的次級組織利益，然則，從維繫社會物質生產以汲取有效資源的角度來看，國家機器本身的整體利益並沒有改

變。儘管自由放任主義堅持國家權力必須受到嚴格的限制與監督，仍無法否認國家機器的存在理由以及特定的權力面向，他們認識到國家機器在和經濟市場互動過程中的自利趨勢，同時，也試圖提出市場自律的觀點來抑止國家機器的自主發展，但是，在「市場自律」這項前提並不存在的處境下，也就是國家機器和市場體系維持著利益共存關係的處境下，懷著市場至上的意識型態亦不得不轉移到抨擊不具生產效益的特定權力面向上，至於和維繫社會物質生產具有直接關係的其他面向，尤其是保障私人財產之持有與處分具有密切關係的鎮壓式機器的持續擴張，反而被賦予了「國家利益」的道德色彩⑤。因此，在資本主義體系化與全球化的晚近發展框架中，國家機器與經濟市場互動關係過程的權力面向調整，從消極維護市場運作到積極介入市場穩定，除了顯現國家機器的自主程度以及社會物質再生產的功能之外，亦打破了由「市場v.國家」所鋪陳的思維體系。可以說，自由放任主義（或多元主義）和統合主義之間的對立觀點，真正的爭議處只是在國家權力面向的消長程度，而不是國家機器本身的存在理由是否充分，同樣地，在國際分工體系的處境中，經濟自由主義亦只是另一種消極防衛式的新重商主義罷了。

　那麼，是何種關係因素在影響著國家權力面向的消長呢？答案就在表現出社會政經勢力的階級關係當中。如第二章第三節所述，階級的政經勢力是透過財政體系的中介作用來和國家機器進行互動，租稅的意義不僅在於經由生產剩餘的部分讓授來換取進一步的生產條件保障，同時，為了確認

這項生產條件的保障而衍生出政治權力的分享，透過代議制
度的建立來監督國家機器因取得租稅特權而必須執行的相對
義務。表面上，這項對等的權利與義務關係是資本主義和民
主政治在觀念上被等同視之的形式命題，實際上，「無代表，
不納稅」所呈現的意義乃是新舊階級持續抗爭與暫時妥協的
動態歷程，公民權的爭取、認可以及實現過程正表現出資本
主義民主政治的變動性質，在這段過程中，國家機器不僅是
在規定與維繫公民權的條件與內容，也是公民權爭取的抗爭
對象，這項矛盾關係即是階級在政治與經濟上的不對等互動
所致，透過租稅關係的政治意義而反映在國家權力面向的行
使過程。如第三章第三節所述，在資本主義初期，階級矛盾
與國家機器的關係是由地主透過對農民生產剩餘的剝削來換
取相對的政治權力，就行政式機器而言，這種潛在矛盾的封
建式農業社會的租稅型態正是國家機器汲取社會資源的有效
管道；就鎮壓式機器而言，在缺乏制式軍隊的條件下，農民
的政治效忠乃是國家機器邁向權力集中並維繫其有效管轄的
基礎，因此，一旦社會物質生產停滯而必須進行外部資源爭
奪時，地主與農民的政經矛盾即呈現出不對等的權利與義務
關係，點燃了農民抗爭的引信。民族國家所賴以維繫的國民
市場型態亦存在著相同的階級矛盾關係，以城市製造業者和
城鄉貿易商所代表的新興資產階級，他們的生產剩餘可以不
必全然附著於土地而逕自進行流通與積聚，擴大了投資與獲
利的條件，使國家的課稅重心漸從農業產值轉移至工藝利潤
與貿易差額，相對地，國家機器對於舊式貴族與地主階級的

依賴程度也逐漸轉移到新興資產階級身上，提高了新興資產
階級爭取政治權力的抗爭地位。可以說，經濟勢力的消長使
新興資產階級取代了（或利用了）弱勢農民階級而獲得政治
抗爭的成果，民主政治肇始階段的權利條款正是此一政治抗
爭的產物；同時，由新興資產階級所帶動的資本累積過程以
及相對應的代議政治型態，亦使資本主義與民主政治這兩種
不同範疇的運作體系獲得初步結合。

　　資本主義民主政治後續發展階段，國家機器與新興資產
階級的親近關係乃是建立在資本累積過程所呈現的穩定國內
經濟市場與開發海外市場，政治權利的基礎也局限在私有財
產的思維架構當中（即財產權），基於「有恆產，斯有恆心
」所建立的政治權利運作型態，它的公民條件僅限於可自主
處分其財產權的生產者身上，也就是，具有剩餘積聚條件者
方可取得公民資格⑥。這項思維架構產生了兩種不同效應，
首先，正如同這些生產者會在經濟市場裡頭盡力有效地處分
其財產以充分體現其生產動機一般，必然也相對地在政治權
利的行使過程中完整表達其自由主張，也正如同這些生產動
機促成了社會整體的物質富裕一般，他們的個別政治主張之
最後結論亦將是社會整體意識的具體表現，因此，經濟市場
的「消費者至上」與「社會富裕」觀念順理成章地被推論到
代議政治的「主權在民」與「社會公益」，依據「政治市場
」類比方式將資本主義與民主政治的關係在觀念體系當中統
一起來（如第五章第一節所述）；另一方面，缺乏剩餘積聚
條件的底層階級依然被排斥在政治參與的大門之外，按照財

產所輔就的政治門檻正好反映出國家機器對於社會有產階級
提供租稅來源的一項回饋政策，這些擔負著產業發展之基礎
生產的廣大勞動階級，只能透過工會組織的集體行動進行抗
爭與談判，也只有在工會力量強大到足以影響市場運作的情
況下（如大規模罷工），鎮壓式機器的制裁效力才逐漸弱
化，不對等的階級剝削關係變成一項被廣泛重視的政經課
題，相關的工業安全法案以及取消財產門檻的普遍公民權才
陸續搬上政治舞台（爾後的婦女參政權以及有色人種的公民
權亦是經過多次的嚴肅抗爭過程方告確立）。可以說，從早
期的公民權抗爭以迄普遍公民權的確立，這段過程始終是由
階級的政經勢力消長關係在決定其條件與內容（從有產資格
到成年國民，從人身保護狀到參政權利），即便是共同物質
處境下的階級妥協過程，關於產業政策與福利政策（即社會
權利）的制度，亦是勞資雙方集體行動的產物（如第四章第
一節所述）。

　　同樣地，從再生產的意義來看，國家機器在階級互動過
程所扮演的角色乃是透過鎮壓式機器與宣傳式機器來執行其
制裁與教化的權力，在階級抗爭階段，優勢階級（地主及爾
後的有產階級）的政經支配，最有效的管道即是通過既定的
「合法」程序，也就是由鎮壓式機器來「代理」，並輔以宣
傳式機器的道德規範，使抗爭主體在遭受軀體迫害之餘仍必
須面臨行動價值的質疑；相對地，在階級妥協階段，則是由
宣傳式機器進行互存共榮的意識塑造，將矛盾關係納入有效
的控制程序當中，再輔以鎮壓式機器的「違法」制裁⑦。國

家機器所執行的意識再生產作用，除了反映出對於經濟市場在物質生產上的互存關係之外，亦進一步強化由階級關係所塑造的政治市場運作，使資本主義民主政治維持其既定框架，當然，相對獲利者正是掌握政經勢力的特定階級以及可以穩定汲取社會資源的國家機器本身。因此，由金融資本所驅動的互存共榮之社會物質處境，使階級抗爭頓失維護生存的強力自主訴求，轉而認同於透過妥協方式爭取其社會權利，這項階級互動關係的轉化，說明了國家機器在維繫經濟市場體系所發揮的物質再生產效力，以及成功地扮演著穩定政治市場體系的意識再生產角色，將潛在的體制外階級抗爭吸納至程序協商過程當中。在國家機器與政經市場的體系化互動關係下，階級意識及其集體行動的訴求亦逐漸溶入共同物質處境的洪流之中（如第三章第二節所述）⑧。

　　從以上的論述，就可以較爲平實地回答「市場v.國家」思維架構當中的一項深刻的關懷立場，即：國家機器的分配作用是否足以降低、或進一步消除市場交換所導致的不對等差距，以及，體現出政治上的平等價值（或謂之分配正義）？相對地，市場機能的自主運作是否足以提升、或進一步重整國家管理所導致的無效率問題，乃至於實現政治上的自由價值（或謂之交換正義）？在既存的混合式經濟型態中，要多少干預以及多少自主的程度問題，乃是受到世界分工層級與社會階級互動的影響而表現出特定處境的差異，同時，這些經濟安排的存在理由以及所要反映的政治意義，也應該放在這些處境關係因素當中檢視。第四章提到，統合主義與官僚

威權政體這兩種深具典範意義的發展型態，在不同的分工層級與相異的階級關係之下，均同時表現出國家機器對市場的干預或操控，藉此掌握市場所隱含的政治生產面，也就是以專業化的行政管理方式，透過國家政策來加速資本累積與社會控制；至於政治消費面所意涵的正當化課題，則是依據相異的階級關係此一社會條件，分別呈現出不同的動態歷程：福利國家與民主轉型。這兩種動態歷程具有兩層面的對立意義：(1)在經濟層面上，福利國家所表現的是國家機器的重分配要求，也就是國家存在理由的具體表現，至於民主轉型過程中的經濟自由化前提，則是私人部門逐漸取代國家干預的一項自主要求，也就是市場存在理由的具體表現；(2)在政治層面上，福利國家透過龐大的給付體系來回應下層工農階級的認同要求，這項要求被視為是免於匱乏的基本平等權利，至於政治民主化，則是透過政治機會的釋出以及政治權力的轉移來回應下層工農階級的參與要求，這項要求被視為是免於剝削的基本自由權利。簡單地說，就是政經關係的「去市場化」與「去官僚化」。正如同福利國家所蘊含的分配正義價值是一種形式原則，它的實質意義是由階級關係所決定一般，民主轉型所蘊含的交換正義價值亦是一種形式原則，其實質意義也是由階級關係所決定，一旦階級關係是由共同的物質處境所維繫，一旦公民意識是由資本累積的力量所主導，同時，一旦國家機器持續掌握著（間接的）社會資本或／且（直接的）國家資本之生產與分配，那麼，社會資本或／且國家資本的獨佔勢力就構成了階級關係走向的主要力量，

政治生產體系就成爲獨佔勢力持續其資本再生產的便捷管道，同時，政治交換體系亦成爲獲取再生產的正當途徑。可以說，只要國家機器仍然持續掌握著實質的社會物質生產的支配權力，或／且被視爲應該具備該項權力，那麼，無論是以國家資本形式進行生產活動，或者是以干預形式介入生產活動，政商掛勾的大門勢必爲政經支配階級（或者直接說是資本）撤開，商品政治的圖像亦更爲明澈，這就是國家機器乃政治商品化之驅動馬達的理由。

第二節　個人主義與政治市場的反省

　　當然，「政治商品化」的意涵就已經表明了公民的政治意識是一種加工成品，由國家機器與市場體系的互動關係所塑造的政治價值亦是一種鏡中幻象，相對地，就是預設了曾經「存在」某種較爲眞實的政治意涵，以及「可能」透過某種方式加以體現。假定，暢飮可樂，能夠顯示自在的愜意；欣賞影集，可以編織價值體系；填報稅單，足以實現揚我國威……，這些體驗對當事者而言，商品化正好鋪就了物質生活與精神生活的齊步同調，個人儘可不必理會廣告與法規背後所隱含的利益與權力的複雜關係，也毋需猜疑感官與認知之間所架構出的意識型態橋樑，那麼，在私人領域當中唯一令他困擾而無法完整體現個人自由的因素，就只是「效率」罷了，功效主義所標榜的個人主義之基本價值不正是以最小

的成本來謀求個人最大的快樂嗎？問題就在於政治領域乃是公眾的領域，政治的意義必然得在「公共」的範疇當中來思考，如果「公共」的意涵只是所屬成員私人領域的總和，政治的首要課題就是「效率」經營的問題；如果「公共」的意涵亦是所屬成員進行交換的場合，政治的首要課題便是「公平」分配的問題。這兩種「公共」意涵正是從個人主義立場所思考的政治價值之建構基礎，即：如何實現所屬成員均可享有最大自由⑨。

　　就「效率」觀點（「公共」等於私利總和）而言，經濟市場體系的競爭方式提供了個人完整行使其財產處分的權利，即使是獨佔市場，個人也享有某程度的「選擇自由」來轉移財產（生產與消費），在專賣特權與完全競爭這兩個極點之間的光譜分佈中，經濟市場體系愈開放，「選擇自由」的程度就愈高，這代表了個人可以獲得更大的經濟自由，對所屬財產的處分就更有效率，因此，國家機器必須儘可能簡化、權力面向儘可能萎縮，在這項條件下，公益不僅可隨私利的增加而增加，同時，個人的經濟自由也相對地如實反映出政治自由，資本主義民主的市場類比所蘊含的價值關懷，其首要課題即是依照效率觀點對國家機器進行「去官僚化」的呼籲，從「公共財」的實證解析當中顯露出對古典自由主義的政治經濟學素描（back to smith）。但是，這項工程必然得面對兩個難題：(1)在形式關係上，個人行為是否合乎效率原則，必須先確立個人的需求偏好以及可以相互參照的行為準則，也就是依據工具理性的思考方式進行最適選擇，此

乃屬量式個人主義在「選擇自由」以及據此塑造出市場均衡之觀念體系的基本立場，每一個「個體」在追求其欲望滿足（或者說是處分財產）之時，表面上，會基於欲望內容的差異而呈現出多樣的互動關係，然則就其選擇方式以及實際提供欲望內容的生產方式而言，個人的選擇乃是受制於單一的形式規範，如第三章第一節所述，即商品體系的生產與消費關係，個人的選擇「自由」最終仍無法脫離商品意識塑造下的「欲望之奴」。爲了化解這項單一社會的個體困境⑩，必然得借助於個人內心的自省（即主體性）或／且社會的外部約束（即制度），在私人領域中，這股內省力量所呈現的意義即是節制其欲望的「積極自由」，和欲望本身的「消極自由」之間的對峙與調解將因個人的認識差異而大相逕庭，同時，如何進一步取得較爲一致的觀點，也必然衍生出「原則何在」以及「由誰決定」的支配難題。旣然「公共」是私利的總和，政治的道德內含也必然附屬於經濟動機，節制本身就已然違反經濟動機，那麼，依據節制所鋪陳的道德自律要求，在政治行爲當中就是不可欲且不可期的枷鎖；另一方面，個人欲望得以持續滿足的一項前提就是私利競爭的平衡關係，制度的約束正是這項平衡關係的具體設計，個人儘可在互動過程中主張最適其欲望的制度，最終的選擇並不必然是他所主張的制度，表面上是由多數的較大偏好所決定，實則是少數利益者的妥協產物（如第五章第二節所述），因此，個人在政治行爲的互動過程中，他的選擇「自由」只是如實反映著經濟活動的生產與消費關係下所規定出的行事準

則。其次，(2)在處境關係上，由於國家機器的存在理由是維護社會物質生產並汲取相對的資源，即使在「最小必要」的範圍內，國家權力必然會透過再生產作用以及租稅關係而影響到私有財產的生產與消費，就這項現實意義而言，財產權的當前意義與其說是一種自然權利（乃至於擴充解釋爲天賦人權），實則是社會成員與國家機器互動關係上所顯現的法律規範⑪，從公民權的發展過程可以了解，以財產權爲基礎的個人權利只是實現了有產者的相對政治權利，經過持續的階級抗爭而獲取的普遍公民權之後，才擺脫了財產權與政治權利之間的歷史糾纏，表面上，由財產權所架構的效率觀點，意在鋪陳經濟自由以及依此類比之政治自由的價值，來迫使國家機器「清心寡欲」，其實際作用則是在抗拒公民權的進一步延伸（即福利、環境等社會權利），這些被視爲「外部成本」的社會權利不僅是在變相地剝奪私有財產（即累進稅以及移轉性公共財），也增加了坐享其成（free-rider）的心態，嚴重危及私人資本與社會勞動的生產動力。可以說，以效率觀點所詮釋的「公共」意涵，它的觀念體系以及現實效果均是著眼於私人財富的獲取機會與積聚的自主性，「去官僚化」的結果只是拆除了妨礙資本累積的藩籬，「政治」仍然必須服膺於社會物質生產，那麼，在資本積聚所產生的相對不平等以及資本集中所產生的機會壟斷這兩項因素相互影響下，逐漸拉大的貧富差距以及因此與國家機器在特定權力面向當中的利益輸送關係，就不是單純從「選擇自由」可予進一步理解與化解的課題了。

　　依據選擇自由所鋪陳的政治關懷，在效率觀點的驅動下，不僅無法從經濟自由當中推論出政治自由的意義，同時，自由選擇的機會在實踐過程中也受到資本積聚與集中的影響而呈現相對落差，這兩項難題除了表明效率觀點本身不足以承擔政治關懷的立場之外，市場觀念的動態均衡關係亦不足以說明或實現「去官僚化」所蘊含的自由價值。想要從個人「被迫」進入政經體系的現實處境當中尋求個人的「自由」選擇，就不能從既存政經體系的互動關係來思索，也就是說，在私利競爭的商品政治架構下，公共的意義並不蘊含在私利總和當中。由私利所外顯的財產權觀念，它的政治意義無非是要確立個人的自主支配權利，並透過租稅關係使該項權利具體實現在法律形式當中，資本主義民主政治的肇始階段，固然是建立在財產權保障的經濟自由基礎上，法律形式所規定的政治權利也相對地強化了經濟權利的要求，由法律形式所架起的對應橋樑，在經濟自由與政治自由之間取得了暫時性的動態和諧關係：以財產權為基礎的經濟自由，構成了有產階級的政治自由（公民權的建立）；以勞動生產為基礎的經濟自由，構成了有生產能力者的政治自由（公民權的普及）；以生產機會為基礎的經濟自由，構成了生產所得差異的不均等政治自由（公民權的實現狀態）。此一對應關係說明了個人價值不僅表現在財產權的行使過程，亦隱含在法律形式所規定的政治權利當中，民主政治既然提供了個人從事政治參與和競爭之均等機會的制度設計，政治價值既然無法彰顯在經濟市場的形式關係與處境關係裡頭，那麼，是否可以

就其相對應的政治市場之形式關係當作思考的立足點，來確立個人的政治自由，並進一步透過法律形式的規範作用，來化解（或減低）經濟效率驅動因素所造成之逐漸擴大的相對落差對選擇機會的不公平限制？

這項反溯思考乃是將「公共」視同爲個人權利的交換場合，政治互動過程是一種交換關係，法律形式則是權利交換的結果（或產物）。在這項理解架構下，個人是依據何種立場在進行交換？拿什麼權利來交換？以及，對交換的結果又抱持何種態度？這些問題像極了市集買賣關係，卻是個人主義在解釋政治社群的構成基礎，以及政治自由與政治義務的思考準則。個人主義的實現方式不僅表現在對所屬物的自行支配過程，也表現在該項支配過程的自主行爲當中，如第二章所述，對物的支配是透過財產的佔取來實現自利滿足，行爲的自主則是透過自律要求來實現對等互動，這兩種動機因素的匯合處即是經濟市場交換過程所要實現的使用價值，以及相對應之政治市場交換過程的政治主張。個人以其物產與行動進入市場，無非是要實現使用價值或／且表達政治主張，那麼，交換過程的公平性以及交換結果的可分享性，便是政經市場體系得以維繫、使個人持續進行交換的兩大前提，換言之，就是政治社群得以形成並穩定運作，以及政治自由與政治義務得以並行不悖的基礎。過程的公平性端在交換者的對等立場與同等機會，結果的可分享性端在交換者的相對獲利或尊重，從政治市場的應然運作方式來看，政治互動過程必須具備公平性，使社會成員均可擁有參與和競爭的

平等立場與自由選擇其政治主張的機會，依據公平性的互動
過程所建立的法律形式，亦必須遵循兩項原則：在程序原則
上，保障互動過程的公平性，即不以犧牲其他利益的交換來
維繫特定利益的交換；在目的原則上，保障互動結果的可分
享性，即不以特定利益之獨享爲目的⑫。個人的平等立場與自
由選擇唯有在公平的互動過程中，才能夠界定出體現其同等
政治自由、並賦予確保該自由之相對政治義務的適當法律形
式；合乎程序原則的法律形式，才能夠進一步確保互動過程
的完整開放，使個人隨時可以行使自由選擇的機會；合乎目
的原則的法律形式，才能夠進一步確保個人平等參與的立
場，使互動過程的公平性得以持續維繫。可以說，假定「公
共」是社會成員的互動場合，那麼，互動立場、互動過程及
其互動結果這三個結構要素就同時蘊含了運作與規範的形式
關係：(1)就形式運作關係而言，政治社群的構成基礎必須建
立在個人均具備不可剝奪之平等立場與選擇機會的前提之
上，據此前提所進行的政治互動關係必須兼具參與機會的開
放以及參與者的同等權利這兩項條件，依照後項條件所建立
的法律形式必須兼具兩項原則，即不得限制未參與者的參與
機會，以及不得規定參與者的排他性利益；(2)就形式規範關
係來看，良善政治社群的構成基礎必須建立在個人行使其權
利時均具備道德自律的前提之上，據此前提所進行的互動關
係必須兼具自我節制與相互尊重這兩項條件，依照後項條件
所建立的法律形式必須兼具兩項規範原則，即：不得貶抑某
些價值體系，以及不得獨尊特定價值體系。這兩層面形式關

係的實際作用乃是在保障民主社會的物質與理念的多元性
⑬，政治市場原初的素樸關懷亦是在嘗試勾劃出多元式互動
關係的公共場合（由多元利益的互動構成社會公益，由多元
理念的互動構成社會倫理），依據個人主體性所表現的多元
利益與多元價值來塑造出形式均衡的多元政治社群。如此一
來，這兩層面相互對應的形式關係就顯現成政治社群的應然
構成準則，即：憲政民主的制度與規範⑭。

　　憲政制度及其規範意涵所面對的主要課題，非僅是形式
關係的完備與否，更且是處境關係當中實踐過程的可能性與
否；政治市場的理想運作模式固然可以當作理解與批判的參
照圖像，最重要的，仍在於如何使現實政治合乎理想模式的
規定來運作。就制度層面而言，公平的程序原則顯現在決策
過程的明確化以及相互監督的可能性當中，亦即明白規定權
力面向的範圍與內容，以及公民對政治人物的「輿論」監督
與政治人物之間的「制衡」監督，分別課以制度化的法律與
政治責任來防止決策者違法濫權；其次，可分享的目的原則
指的是決策內容除了在維護公民權利的優先地位之外，更且
進一步依據平等立場提供共享機會與相對的實質利益分配，
此乃「公共」契約與私人契約最大差異之處，也是公共權力
得以有效行使、政治義務得以持續被認可的正當根源。可以
說，公平的程序原則乃是政治運作過程之消極防弊的首要前
提，共享的目的原則乃是政治運作結果之積極興利的首要前
提。憲政民主制度下的國家機器，顯然必須受到兩個層次的
約束：就程序原則而言，國家權力的來源及其行使過程必須

依據法律形式的明確規定來「依法」行事，也就是依據法律形式本身的正當性意義及其具體規定的合法性意義來限制國家權力；就目的原則而言，國家權力的行使內容必須著重於社會利益的分配政策，以消極防止私人壟斷（如公平交易）或進一步積極創造可分享的公共利益（如公設休閒）⑮。

對國家權力加以明確規定的制度設計，其程序原則之所以能夠被有效監督，尤其是目的原則之所以可能奉行不悖，最重要的還是在於憲政規範的力量，也就是多元利益與理念的分享與尊重。憲政民主制度所呈現的責任政治無非是在保障多元利益的對等互動過程，使濫用權力以謀私利的政治人物或政黨均有可能在政治市場當中被公民淘汰，這項蘊含於制度之內的規範力量，即是多元理念對等互動過程所形成的責任倫理。正由於這項政治倫理是依據多元並立的形式互動關係來維繫，因此，任何一種具體的理念訴求均不可能長期依附在國家權力當中來意識型態化個別利益，同樣地，也不可能長期附著在社會優勢利益當中藉此圖謀國家權力⑯。

相較於經濟自由主義單方面主張限制國家權力來試圖建立個人自由，卻變相地默認了商品政治的底層運作邏輯而面臨到束手無策的窘境而言，依據個人政治權利對等互動所建構的政治自由主義，則是同時透過限制國家權力（公平的程序原則）與限制經濟勢力（可分享的目的原則）這兩項步驟，嘗試就商品政治的處境規劃出包含社會成員同等自由的憲政民主架構。那麼，這是否表示「去商品化」的政治坦途已然開啟了呢？

第三節　結論：信望政治或烏托邦黃昏？

　　人類一開始從事政治活動，便一直在追尋可以安置「義與利」的一套恆常政治秩序，運作制度及其規範要求亦無非是要藉以體現社會公益與倫理，至少，是在防止假公益之名私謀己利⑰。運作制度所明確規定的國家權力行使方式與內容，它的責任歸屬仍必須透過另一個權責對象加以詮釋或監督，方能顯現所蘊含的規範意義，「政治人」的自律行為正是規範意義可否彰顯的基本要求，也是前述憲政民主賴以維繫的運作前提，只有在政治人物知所節制的條件下，運作制度才得以持續遵循；只有在運作制度持續顯現其規範意義的條件下，人民才得以在政治社會化過程中陶養普遍的公民意識；也只有在公民意識表現出相對應之公民文化的條件下，政治人物才得以受到有效監督而知所節制。制度、政治人物與公民之間環環相扣的規範關係，說明了徒法不能自行、聖王不可期以及民意如流水等實踐過程所面臨的相關難題，責任政治的意涵固然可以透過對政治人物之間及其與公民之間的互動關係加以明確規定、而呈現在制度設計當中，責任倫理的意涵固然也可以從制度持續運作過程中顯現出來，更重要的，政治人物的節制——尤其是來自公民有效監督所產生的規範力量——才是責任政治得以落實、責任倫理得以體現的屏障。

在商品政治處境中，政治人物所面對的處境課題是透過國家權力維護私人資本積聚以及促進社會生產條件的物質處境，形成這種處境關係的驅動力量正是資本的累積過程，就自利觀點而言，政治人物的利益必然得遷就此一社會物質處境；同時，公民所面對的處境課題是商品行銷與政治行銷所塑造的意識處境，形成這種處境關係的驅動力量正是金融資本的流通過程，就自利觀點而言，公民的利益必然得遷就此一互存共榮的意識處境。可以說，無論是政治人物或一般公民，他們的政治主張也呈現出與社會資本之間環環相扣的牽制關係（正如同前述的規範關係一般）：如果僅僅就制度層面將國家權力的行使面向明確規定在形式的分配角色上，並不能保證具體政策內容必然可滌清權力與利益的曖昧關係、實現共享的目的原則；如果具體政策內容亦明確規定在制度運作過程中，使政治人物的私利行為所承擔的政治責任成為具體法律責任，亦不能保證公民在選舉過程可以發揮擇優汰劣的過濾作用，將違法失職的政治人物摒除在政治市場之外。因此，要破解商品化的政治符咒，必須同時對制度設計、決策過程以及選舉過程這三個層次所蘊含的運作規範進行反省，也就是透過對國家權力的約束、政治責任的監督以及公民意識的啟蒙，將生產關係及其意識排除在政治思維與實踐過程之外。

這項反省工程，也正是威廉士所謂的對物質處境進行政治與文化實踐的第三種上層建築意涵，如緒論所述，商品文化的解構過程在於揭穿流行文化背後的商品意識與文化工業

之間的資本累積關係，另類文化的崛起意義並不是以其他單
一的新流行文化來取代舊流行文化，而是透過對既存文化的
批判來具體呈現出另一種文化型態，即文化創作者均可如實
地完整表現其使用價值，以建構多元並立的文化價值體系。
同樣地，新的政治思維所要承擔的歷史任務，也正是在商品
政治中進行批判，並且在商品政治體系之外營造另一種屬於
民間社會的政治生活方式⑱，以建構憲政民主所蘊含的多元
並立之政治價值體系。

　　就商品政治的解構過程而言，制度設計所規定之公平的
程序原則與可分享的目的原則，其意不僅是在阻卻權力與私
人利益之間的再生產關連，更重要的，乃是透過這道憲政架
構來顯現對等互動的公共意義，以保障個人的政治自由。要
實現這項政治價值，首先必須將國家機器與經濟市場之間的
互存關係在制度設計當中加以明確限制：一方面簡化國家機
器內部組織及其權力面向，以防止國家機器假借社會發展之
名行資源汲取之實的自利行為；另一方面規定國家權力行使
的目的在於消極限制社會資源的不當壟斷以及積極分配共有
的社會資源，以防止國家機器與私人團體在生產關係上假借
經濟發展之名行利益輸送之實的特權行為。這兩方面並行的
制度限制，無非是要切斷國家機器與經濟市場在歷史過程所
呈現之物質再生產關係，杜絕決策過程中資本累積與國家權
力之間的互賴與流通。其次，要維繫這項制度限制的規範力
量，必然得重新反省國家機器的存在理由以及據此延伸的政
治意涵：一方面正視國家機器本身乃是另一個具有自利傾向

之組織體的事實，國家權力的物質生產作用不僅充斥著私利
競爭，它的物質分配作用亦包含了不對等的私利互動，亦即
國家政策本身所可能實現的目的原則必然是有限且偏袒的，
這不僅說明了公共的意涵並無法完整體現在國家政策的內容
及其行使結果，個人自由亦不可能單憑期待國家政策來完整
實現，這項認識乃是相對應於透過對國家權力之物質再生產
作用的制度限制、所伴隨的對國家權力之意識再生產作用的
反省，以進一步實現自主的監督力量；另一方面，要實現對
國家權力之意識再生產作用的監督，首要的課題乃是公民對
於商品化及其與國家機器之處境關係的自覺意識，也就是公
民的使用價值與政治主張才是政經市場體系的基礎構成要
素，市場機能或／且國家機器的形式功能只是實現此一要素
的媒介，商品行銷與政治行銷亦不過是在將該項媒介關係轉
化成自為控制體的一種意識偽裝，正如同個人可以自由選擇
其購買對象一般，在這項自覺意識的作用下，個人的集體行
動亦可以對決策過程發揮有效監督以及在選舉過程展現其政
治意志，甚至可以拒絕進入既存運作體系，以自行呈現合乎
交換意義的政治生活⑲。商品政治的解構條件並非寄望於特
定政治人物與組織的節制，而是同時由制度的形式規範力量
以及公民的實質監督力量所形成的普遍效力，來限制政治人
物與組織的一切作為。公民意識及其實踐，消極的意義即在
於強化（或轉化）制度過程的規範作用以防止政治商品化趨
勢的持續擴張，積極的意義正是在自主交換的政治生活當中
呈現多元的政治價值型態。

　　憲政民主所賴以維繫的制度規範與公民意識，固然是商品政治結構轉化的兩項要素，兩者之間卻存在著深層的矛盾關係：彼此相輔相成，也互爲牽制。相輔相成的良性循環關係表現在合乎程序與目的原則的制度規範對公民自由的保障與公民意識的陶冶，以及公民意識進一步對制度規範力量的深化；互爲牽制的惡性循環關係，則表現在政治人物對制度規範之任意且自爲的曲解與誤用，透過制度權力來危及公民自由並誤導公民意識，以及經此一過程使制度所蘊含的公平程序與可分享目的成爲私利分贓的祭品。因此，在制度規範的前提下，要有效防止相互牽制的惡性循環，公民必須隨時擁有決定其政治主張並自由進出政治市場的最終自主權，做爲制度規範所不及、制度規範被曲解與誤用的批判與改造力量，此即憲政意義下的公民抗爭[20]。唯有超越了利益與權力之關係架構而行使的公民自主與抗爭權，才有可能具體展現公民的政治自由，對商品政治進行體系診斷與轉化，對制度規範內容、乃至於制度規範本身的持續改良過程注入邁向信望前景的活泉，畢竟，烏托邦的宏偉宮殿不等於世俗王國的體現，觀念體系的嚴肅圖像亦不代表現實社會的完備，唯有自主的公民才是政治預言的最終詮釋者。

註　釋

①市場與國家的對立問題，始終只是停留在觀念層次，尤其是崇尚經濟自由主義的論述關懷當中。然則，資本主義的發展歷程，自始迄今都是在市場與國家的互動關係上運行，這項事實如果不先予承認，經濟自由主義者就很難提出具有說服力的論述來爲自由市場辯護。Polanyi即認爲，工業革命之後的階段目標是「試圖建立一個龐大的自主市場。但是在歐洲民族國家特有的重商主義政策當中，並不存在這項預期。重商主義所推行的貿易〝自由化〞只不過是將貿易從傳統的排斥心態解放出來而已，相對地也擴張了管制範圍。經濟制度始終是潛伏在一般的社會關係之下；市場只不過是更加受到社會權威所控制與調節的某項制度安排之附屬特徵罷了」（1957:67）。因此，問題的重心並不是「要不要干預」，而是國家「如何干預」以及如何由此產生新社會秩序，「國家在調整經濟秩序的同時，必須重新界定經濟組織運作的遊戲規則，方能企求持續保有國家權力。這項規則重建乃是政治的基石。國家正是這些衝突的匯合點，無論是從市場律則或歷史法則來看，（國家與市場之間）並沒有先在的矛盾，……國家既不是全然從屬於經濟勢力，也不是截然相對立」（Gislain, 1987: 151）。

②國家擴張是依照國家總預算佔國內生產總額（GDP）的比例多寡而定，國家預算來源除了經常性稅收之外，還包括公債發行以及其他雜項收入（如規費、國營事業所得）。依據過去的理解，在經濟持續成長過程中，生產剩餘愈多，稅源愈豐富，則國家擴張的可能性愈高（即華格納法則）；相對地，國家積極介入市場操作，以財

政政策刺激經濟成長，更加速了國家擴張（即凱因斯政策）。至於國家擴張所產生的赤字預算問題，則必須從政治層面來理解：⑴依政治景氣循環模式（PBC），候選人的政見訴求必然是迎合選民的偏好而提出大量的支付承諾，同時，執政者爲了勝選續任，也必然會採取若干「利多」政策來吸取選票，可以說，每一次的定期大選都是在爲國家的債信擴張奠立其攀升階梯；另外，⑵依政黨行爲模式（PT），強大的工會組織以及左翼政黨勢力對於國家機器的重分配要求，亦助長了國家公共支出的擴張，這項效應可以證諸於高度統合主義國家（參見Alt & Crystal, 1983:104-25; Cameron, 1978:1245-51, 1256; Hibbs, 1977:1470-77; 1992:362-4, 371; Whynes, 1989:113-7）。

60年代以來，OECD主要成員的國家擴張（佔GDP比例）如下表：

	比	丹	西德	芬	法	英	愛	義	加	荷	挪	奧	瑞典	瑞士	美
1960	30.3	24.8	32.0	26.7	34.6	32.6	28.9	30.1	28.9	33.7	29.9	32.1	31.1	17.2	27.8
1965	32.3	29.9	36.3	31.3	38.4	36.4	33.1	34.3	29.1	38.7	34.2	37.9	36.0	19.7	28.0
1970	36.5	40.2	37.6	31.3	38.9	39.3	39.6	34.2	35.7	45.5	41.0	39.2	43.7	21.3	32.2
1975	44.5	48.2	47.1	37.1	43.5	46.9	47.5	43.2	40.8	55.9	46.6	46.1	49.0	28.7	45.4
1980	51.7	56.0	46.9	38.2	46.2	44.6	48.9	45.6	40.7	62.5	49.4	48.5	65.7	29.7	33.2

（節引自McGrew, 1992:73）。

③Nozick用購買保險的比喻方式，替這種更夫式最弱意義國家鋪陳出理論基礎，他認爲，可以設想出介於私人保護組織與更夫式國家之間的一種超弱意義國家（ultraminimal state），這種國家「只對那些付款購買保護與強制保險的人們，提供保護與履行契約的義務。對於沒有出錢購買此一獨佔權之保護的人們而言，就得不到任何保護。最弱意義國家（minimal state）相當於是在超弱意義國家之上附加……由財政收支所支持的（普遍）擔保計劃。在這項計劃之

下，所有人或有些人（例如有需要被保護者）獲得一種以稅收為基礎的擔保」（1974:27-8），因此，最弱意義國家的權力範圍即僅限於提供支配性的保護，相對地，也被社會成員要求對保護不足或過當保護所遭受的損失，承擔給付賠償的義務，也就是「依其選擇而給付，並依其選擇而獲取」（ibid.,:160）依據此一選擇權利的原則來維繫國家與人民的契約關係，以保障私人最大自主空間，在這項關係下，「最弱意義國家能夠被證明是功能最多的國家，任何超過這項（保護）功能的國家都會侵犯到人們的權利」（ibid.,:149）。相異的觀點，參見本章註12。

④「軍產複合體」此一結合著尖端科技與巨額資本的公私連體嬰，儘管可以有很多理由來自圓其軍備主義的說詞（如冷戰、國家主義、國際秩序），最終結果還是在惡性的防衛循環的思維體系下，持續投入高成本的研發與汰舊換新的閒置產品，中飽了軍火工業以及鎮壓式機器的利益，假「公共財」之名進行成本轉移。

⑤Chomsky提到，冷戰後期的美國軍事行動（波斯灣戰爭，對巴拿馬與尼加拉瓜等美洲國家的強權干預），表面上是在延續美國式民主輸出的外交政策，實則有一項底層因素在牽動，就是在面對日、德新經濟勢力的壓力下，透過國家資本主義的重建來維繫其霸權地位，「經由工業社會的重整，首要課題乃是在傳統的保守精英當中建立一項國家資本主義秩序——框築在美國的全球勢力架構之內——來保護其區域剝削的能力，以充分實現原料資源與市場的（供需）功能。假定這些目標可以達成，那麼，這項體系就足以持續穩定並抵擋得住令人憂心的社會變遷……，在較為富裕的工業核心當中，大部分的離心人民就能夠更為適應，在理性的成本與效益評估的觀點之下逐漸放棄任何激烈的看法」（1991:348）。

⑥在18世紀和19世紀，公民權與資本主義社會階級不平等之間的關係至爲密切，依據Marshall的看法，當時的公民權重心乃是公民自由權（civil right），這項權利賦予公民以獨立自主的身份參與交換的資格。表面上，資本家和工人在契約關係當中均一視同仁，正由於「獨立自主」的行使差異，反而使公民權進一步鞏固了階級不平等（在打破地位不平等之後）。當公民權觀念擴及到政治權利與社會權利時，階級不平等關係更顯得緊張與表面化，在公民權的實踐過程中，社會不平等的關係結構亦受到動搖。（參見Marshall & Bottomore, 1992:10,13,18,20-1,26,49）。

⑦Foucault在研究法律的懲處觀念與制裁方式的歷史考掘時，指出「18世紀後半期……由於財富增加與人口急速增長，民眾非法活動的主要目標並非爭取權利，而是獲取財物，偷竊行爲逐漸凌駕於走私與武力抗稅之上。……由於產生了新的資本累積方式、新的生產關係以及新的合法財產條件，所有非法的民間活動——無論是被容忍的日常行爲或明顯的暴力活動——都被強制歸結到對財產的非法佔有。從一個實施司法與政治壓迫的社會轉變到一個以勞動方式與產品剝奪爲主的社會過程中，竊盜就成爲法律所要率先彌補的重大缺口。……財產的非法佔有便從權利的非法行使當中分離出來。這項區分具體表現出階級的對立，……從歷史來看，資產階級在18世紀成爲統治階級的發展歷程，是以一種明確化的、法典式的形式平等之法律結構所確立的，透過代議組織加以實現。至於紀律規範機制的發展與普及，則是這段進程的另一對立面。保障平等原則之權利體系的一般法律形式，乃是由一些細緻的、日常式的物理機制來維繫的，是由實質不平等與不對稱的微觀權力體系所維繫的，即我們所稱的紀律」（1977:84-7,222）。

⑧Thompson提到：「⑴既存社會關係的再生產不僅需要社會生活的物質條件的再生產（食物、房屋、機器等），也需要集體所分享的價值與信念的再生產；⑵集體所分享的某些價值與信念構成了主流意識型態的要件，通過社會的融合，將個人引導到社會秩序當中；⑶這項主流意識型態的生產與融合，便是國家機器或其特定組織與成員的要務之一。……也就是說，有必要維持一項有效且新穎的符號形式，一方面被集體所分享，一方面塑造個人的行為與態度」（1990:86-7）。

⑨提到個人自由，必然得參考Berlin著名的觀點：不受外力干涉之全然自主的消極自由（nagative freedom），以及採取某種約束來獲取更大自由的積極自由（positive freedom）。這兩種自由觀念的對峙在於哪些行動範疇應該是「免於……的自由」（freedom from……）或是「去做……的自由」（freedom to be……），就個人主義的立場而言，私人生活領域的個別行為當然是屬於消極自由的範疇，個人儘可任意處分其財產、選擇其睡姿；那麼，建立在互動關係之上的社會組織，尤其是政治社群，這兩種自由觀念又如何取得和諧？從個人們相互約定形成社會型態，並賦予社會組織某種約束其成員之支配權力的觀點來看，社會成員依據他們個別的選擇立場所建立的互動關係，無非是要透過某項規範力量來獲取共同目的，因此，對於社會成員而言，選擇的自由以及目的的可欲性就是他們的基本權利，在權利與權力的關係範圍被明確界定的條件之下，權利的行使就是一種消極自由的表現，至於權力支配的規範範圍之內，就涉及到積極自由的課題。既然個人是依據其基本權利而形成社會組織，那麼，社會自由或政治自由至少必定包含了相當程度的消極自由，「選擇的自由」即是最基本的消極自由（參見Berlin,

1969:121-2, 131-2, 161-8）。相對地，積極自由的表現就涉及到權力行使的「原則何在」以及「由誰決定」其原則的問題，而產生權力的正當性以及支配的代價等現實處境的紛爭（相關討論參見本章註10,13及16）。

⑩一旦每個個體均受制於單一的形式規範，它的具體意涵又建立在個體欲望滿足以及相互競爭的工具觀點之上，那麼，在可明確獲取的利益範圍之內，多數個體的利益必然會損及少數個體的利益，就民主政治運作程序而言，便是多數暴政。如果民主政治只是效率觀點下的多數決定，在有限的公共財範圍內，依據私利競爭所形成的政策必然會產生犧牲少數利益來取得多數利益的後果，同時，社會規範的實質內容也必然會受制於這些多數個體所凝結的特定意識。究其原因，正是表面上每個個體均相互獨立、實質上卻立基於單一動機與行為規範所產生的結果，這種假多元主義表象、行虛無主義之實的社會關係，亦只不過是另一種獨裁變體罷了。

⑪Macpherson即認為，財產蘊含了三項相關的命題：「⑴財產被視為是個人的權利，來自人的本性，財產的最初觀念乃是個人權利的觀念；⑵財產是一項權利，而不是一種實物。是一項把某些事物據為己用的宣告，而不是事物本身；⑶個人的宣告乃是受制於社會的約束，財產乃是社會關係的產物，就現實處境來說，乃是國家（權力）的產物。……由這三項命題可以得知，財產是一項權利而不是一種事物，是一項個人權利，並透過國家（權力）所形成的可佔有的宣告」（1978:201-2）。

⑫Rawls對公平程序與可分享目的這兩項原則，做了極為精簡的闡釋。他認為，社會的基本結構「首先是為了在滿足最大生產剩餘的意義上產生最大的良善而設計的；其次是公平分配以滿足（欲望

）……。第一項原則是功利原則，依據效率準則而運作……，第二項原則是依據正義準則而運作……，使利益分配趨於平等」（1971:36-7），至於正義準則，則是由兩項先後順序的原則所構成，「第一個原則：個人與他人所共同擁有的最廣泛之基本自由體系……均應具備同等的權利。第二個原則：社會與經濟的不均等安排應該被合理地要求合乎每個人的利益」（ibid.,:60），也就是說，「第一原則所要求的是公平分配基本權利與義務；第二原則認爲，如果社會與經濟的不平等（例如財富和利益的不平等）結果能使每個人──尤其是那些最少受惠的社會成員──帶來補償利益，就合乎正義要求」（ibid.,:14-5），這兩項正義原則（公平立場與差異分配），乃是社會組織得以構成並持續運作的基本形式原則。

⑬多元社會（pluralist society）與分歧社會（plural society）表面上都是利益雜陳、意見分立的社會型態，卻存在著一項互動關係上的根本差異，使多元社會呈現出利益分享、意見並容的和諧式開放社會，使分歧社會呈現出利益抗衡、意見對峙的排他式封閉社會。這項互動關係上的根本差異即表現在互動過程是否具備最基本的公平參與機會，以及互動結果是否達成可分享目的：當社會決定過程是由特定對象所壟斷或／且決定結果只是滿足於特定對象，那麼，社會利益及理念必然是受制於這些特定對象（組織、族群等），即使是其他對象在未來有機會成爲決定者，然則，依據過去的排他性決定習性的歷史經驗，亦不可能立即實現包容並蓄的開放式社會互動關係，因而必須借助於特定制度保障（最具代表性的制度就是比例代表制），來維護現階段被排斥（以及可能被排斥的）特定對象之利益與理念的表達，透過這項階段性的保障方式，使社會互動關係逐漸形成相互尊重與共同分享的形式規範，爲開放式多元社會莫

下基礎。可以說，合乎公平程序與可分享目的之制度運作及其規範，正是分歧社會可否轉化成多元社會的基本條件，在這項條件下，任何利益與理念都有可能相互替代，獲得其表達目的，至少也維持了最根本的尊重。

⑭憲政（constitutionalism）指的是依據制度、法律之限制所產生的有限權力（limited power）的政治運作型態，在權力受限的範圍內，同時規定了政府與人民的政治行為，使政府執法有據、人民守法有序，各安其份，以形成制度規範力量，使政治型態得以持續（穩定）運作。是以，憲政的第一義便是制度限制，以明確規定權力行使的範圍與方式：至於制度運作所形成的規範力量（相對於明示的制度行為而言），則是制度賴以維繫的政治傳統，此即憲政的第二義。前者可視為對制度安排的認同，使制度運作具備合法性的內涵；後者可視為政治行為的陶冶，使制度運作具備正當性的內涵。可以說，憲政的意義不僅是一種限制權力的制度安排，更且是政治領域的行為規範與傳統。按照這兩項意義，憲政民主（constitutional democracy）不僅是一項規定著參與和競爭程序的制度安排，更且是要實現程序的公平性與目的之可分享性，以進一步維繫制度於不墮。

⑮這兩層約束，對於個人主義而言，具有截然不同的意義：程序原則乃是限制國家權力以確保個人自由的第一原則，屬量式個人主義所強調的程序原則，是從經濟市場的效率觀點來闡釋國家權力過當必然導致對個人藉以實現其自由之財產權的限制或剝奪，並間接波及社會生產總量，因此，國家權力只須依據公平的程序原則行事即可，至於國家權力的目的原則亦僅限於保障或促進個人財產權的自主支配與社會物質的生產條件（亦即被動的生產角色，如前所述

）；屬質式個人主義所強調的程序原則，乃是從政治市場的交換觀點來闡釋國家權力過當必然導致對個人藉以實現其自由之政治參與權利的限制或剝奪，並間接危及民主政治的運作價值，爲了進一步確立個人政治權利的平等立場，使社會成員均可擁有同等的自由選擇機會，國家權力的目的原則必然得排除基於效率驅動因素所形成之利益壟斷對自由選擇機會的不公平限制，也就是依據相對獲利的共享原則扮演被動的分配角色。這兩種截然不同的意義，使個人主義在解釋資本主義民主政治的內在關係時，產生了對立的觀點：屬量式個人主義堅持由財產權所架構的自由放任式經濟型態乃是政治自由得以實現的基礎與必要條件，民主政治必須在資本主義體系下才得以產生；相對地，屬質式個人主義堅持財產權只是個人自由的一項媒介工具，政治自由的基礎在於對等互動，民主政治所蘊含的對等關係成就了財產處分與交換的經濟型態，資本主義便是這項對等關係的附產品，民主政治不必然是以資本主義爲前提（參見Marchan, 1990:50-1, 63-5, 150-1）。這兩種個人主義的理論根源，可溯至Hobbes與Locke對社會契約構成動機的差異理解，並呈現在當代政治思想家Nozick與Rawls對自由主義的爭議立場（佔有的正義v.分配的正義）當中。

⑯一旦這項形式互動關係被明確規定成具體內容的互動原則，即可能在利益與理念的競爭交換過程中產生排斥效應，也就是說，決定著具體內容的特定對象，會成爲互動關係下的特權對象，他們的特定利益與理念結合著制度權力而獨佔社會利益與社會意識。因此，「原則何在」的問題必須從實際的互動關係當中產生，而不是依據「由誰決定」的思考方式來主觀地設想具體的規範內容。放在政治倫理的範疇當中來看，責任政治所蘊含的規範力量乃是具有形式意義

的責任倫理，在實際的政治互動關係下，由政治人物之間制衡與公民意志所呈現的監督來判定其責任，而不是依據政治人物個人的修為課目來具體規定政治倫理的內容，並強加於他人身上。簡言之，政治倫理是一種僅具形式規範的責任倫理，並不是具體呈現私人道德的信念倫理。

⑰此乃憲政觀念的最終目的。要明確規定一套制度運作程序，以彰顯法治精神，使執行者信守不渝，就必然會涉及到立法者與執行者所應具備的條件何在的課題。古希臘時期斯巴達立法者Lycugous為了使他所制定的基本法得以奉行，告誡其子民在他再度返國之前不能任意更動，遂出走異鄉自盡客途。這項著名的傳說，清楚地表現出要防止執行者圖謀私利是何等的困難。政治思想家往往以卓越的立法者自許，嘗試為置身的社會處境尋求一項和諧的形式關係，在Plato, Aristotle及Polybius的政體循環論當中更進一步以歷史哲學的觀點來規範執行者遂行私利所必須承擔的政治責任（即政體腐敗及革命），隨後的自然貴族論（參見第二章註20）亦承續了這項道德關懷，來要求執行者不謀己利，乃至進一步信守公益。畢竟，道德政治只是政治境界的想望，要形成一項普通規範來約束執行者，必然是要從權力與利益相互為用的實然關係當中確立客觀的法治精神，而不是訴諸於主觀的聖王觀念來期待政治人物。

⑱在東歐變局過程中，民間社會的改造力量是有目共睹的，波蘭政論家Konrad將這股對抗權力操縱體系的自主力量稱之為「否定的政治觀」（Anti-politics）：「否定的政治觀是民間社會的氣質，民間社會則是武裝社會的否定。……如果對政治的理解迷失在Machiavelli所發展的政治觀點——依據權力意志本身來闡釋權力，並且認為君主不僅得獲取實權，更要好好把持並發揚光大——之外，

那麼，均註定要失敗。……對政治生活而言，任何非屬政治的事務都只是一項工具罷了，並非是一種合理依據或目的。如果我們不把神秘主義或賺錢化約到其他事物身上，如果我們不認爲偉大畫家之所以繪畫是爲了榮耀上帝或致富，那麼，爲什麼我們會認爲不世出的政治家之所以要獲取權力乃是基於某些善或惡的終極理由呢？而不是僅僅爲了權力罷了呢？」（1984:91-4）。

⑲「不合作」（disobedience）運動或消極抵抗主義（Gandhism）乃是公民意志已然無法經由選舉過程及輿論監督來進行制度改良的既定條件下，最後的非暴力訴求，也是由政治社群構成基礎之正當性意涵所推論出的最後一道正當防衛，以對抗體系化的支配力量。從Gandhi所領導的和平抵抗政治殖民體系、King所領導的和平抵抗社會歧視體系，乃至Havel所領導的和平抵抗極權暴力體系，均有效呈現出，透過拒絕合作的方式來表現權利平等和自主參與的應然規範力量。這些歷史意義對商品政治體系下的公民意識而言，至少啓發了「不閱聽，不投票」的消極不合作方式，來拒絕商品意識的侵蝕，據此對權力與利益的客體化互動關係發揮過濾、淘汰的作用。

⑳著名憲政主義者McIlwain爲憲政觀念的發展做了一段精要的論述，他認爲，「憲政的本質在於：依法律來規範統治者；與隨興統治相對立；它所要對抗的是專制統治，由法律來取代統治者的意志」（1947:21-2），就近代以前的專制王朝而言，憲政觀念的重心乃是著眼於產生一套法律形式來限制君主權力，迄至現代民主社會，「要確實保障（人民）自由以抗拒隨興統治，其安全瓣就是昔日（觀念）的法律約束加上現代（觀念）的政治責任，……這兩項屬於憲政基本構成的相關要素，對所有愛好自由並致力爭取的人而言，便是依據法律來約束隨興的權力以及使統治者對被統治者負起完整的

政治責任」（ibid.,:142-6）。要讓政治權力受制於法律規範，就必須
謹守法律形式的位階；要讓統治者受制於政治責任的規範，就必須
堅持公民權利的優先地位。也就是說，在「主權在民」的意義下，
憲政民主的自主規範必須是公民擁有監督統治者依法律位階行使
政治權力的最終裁定權，同時也防止了代理公民監督的代議機關、
乃至執行裁定權的司法機關的違憲亂政，此一最終裁定權即公民抗
爭權。

㉑例如，與利益取向相對立的生態環境主張，以及與權力取向相對立
的非武和平主張。這些超越了利益與權力之關係的集體訴求（或謂
之新社會運動），和其他立基於自身利害關係所產生的集體行動（
如J. Davis及T. Gurr的相對剝奪理論所解析的集體苦難，以及C.
Tilly的資源動員理論所解析的權力爭奪）的最大差別，在於訴求目
標的社會共享性質，正因為如此，坐享其成的程度也相對提高，欲
藉此轉化商品意識的行動成效也相對降低，如同等待果陀。

參考資料

Adorno, T., 1989, "The Culture Industry Reconsidered", in S. Bronner & D. Kellner (ed.)

Allen, J., Brahan, P. & Lewis, P. (ed.), 1992, *Political and Economic Forms of Modernity* (Cambridge: Polity Press)

Allen, J., 1992, "Fordism and Modern Industry" in J. Allen, P. Brahan & P. Lewis (ed.)

Almond, G., 1988, "The Return to the State" *American Political Science Review* V. 82, N.3

Almond, G., 1991, "Rational Choice Theory and the Social Sciences" in K. Monroe (ed.)

Alt, J. & Crystal, K., 1983, *Political Economics* (Berkeley: University of California Press)

Althusser, L., 1984, *Essays on Ideology* (London: Verso)

Amin, S., 1991, "The State and Development" in D. Held (ed.)

Aramson, P., 1989, "The Democratic Order & Public Choice" in G. Brennan & L. Lomasky (ed.)

Arlbraster, A., 1984, *The Rise and Fall of Western Liberalism* (Oxford: Basil Blackwell)

Asher, H., 1992, *Presidential Elections & American Politics* (California: Wadsworth)

Ball, J., Farr, J. and Hanson, R. (ed.), 1989, *Political Innovation and Conceptual Change* (Cambridge: Cambridge University Press)

Bandyopadhyay, P., 1986, "Theoretical Approaches to the State and Social Reproduction" in J. Dickinson & B. Russell (ed.)

Barket, K. & Parikh, S., 1991, "Comparative Perspective on the State", *Annual Reviews of Sociology* Vol. 17

Barrow, C., 1993, *Critical Theories of the State* (Madison: The University of Wisconsin Press)

Baudrillard, J., 1981, *For a Critique of the Political Economy of the Sign,* trans. by C. Levin (St. Louis: Telos Press)

Bealey, F., 1993, "Capitalism and Democracy" *European Journal of Political Research* N.23

Becker, L., 1977, *Property Rights-Philosophic Foundations* (London: Routledge & Kegan Paul)

Beetham, D., 1993, "Four Theorems about the Market and Democracy" *European Journal of Political Research* N. 23

Berger, S. (ed.), 1981, *Organizing Interests in Western Europe: Pluralism, Corporatism, and the Transformation of Politics* (Cambridge: Cambridge University Press)

Berlin, I., 1969, *Four Essays on Liberty* (Oxford: Oxford University Press)

Besterman, T. (ed.), 1976, *Studies on Voltaire and the Eighteenth Century* (Oxford: The Voltaire Foundation) Vol. 154.

Bianchi, M., 1993, "How to Learn Sociality: True and False Solutions to Mandeville's Problem" *History of Political Economy* 25:2

Biersteker, T., 1992, "The Logic and Unfulfilled Promise of Privatization in Developing Countries" in L. Putterman & D. Rueschemeyer (ed.)

Bislev, S. & Lindquist, R. 1992, "Sick-Leave Regimes : The Private-public Mix in Sickness Provision" in J. Kolberg (ed.)

Block, F., 1994, "The Roles of the State in the Economy" in N. Smelser & R. Swedberg (ed.)

Bocock, R., 1993, *Consumption* (London: Routledge)

Bottomore, T., 1985, *Theories of Modern Capitalism* (London: George Allen & Unwin)

Boulding, K., 1973, "Economic Theory of Natural Liberty" in D. Wiener (ed.)

Bowles, P., 1985, "The Origin of Property and The Development of Scottish Historical Science" *Journal of the History of Ideas* XL VI. N. 2

Bowles, S. & Gintis, H., 1986, *Democracy and Capitalism* (London: Routledge & Kegan Paul)

Braudel, F., 1977, *Afterthoughts on Material Civilization and Capitalism,* trans. by P. Ranum (Baltimore: The John Hopkins Press)

Brennan, G. & Lomasky L. (ed.), 1989, *Politics and Process: New Essays in Democratic Thought* (Cambridge: Cambridge University Press)

Brewer, A., 1990, *Marxist Theories of Imperialism* (London: Routledge)

Bronner, S. & Kellner, D. (ed.), 1989, *Critical Theory and Society: A Reader* (London: Routledge)

Buchanan, J. & Tullock, G., 1962, *The Calculus of Consent* (Michigan: University of Michigan Press)

Buckle, S., 1991, *Natural Law and the Theory of Property: Grotius to Hume* (Oxford: Clarendon Press)

Burawoy, M., 1982, "Introduction: The Resurgence of Marxism in American Sociology", in M. Burawoy & T. Skocpol (ed.)

Burawoy, M. & Skocpol, T. (ed.), 1982, *Marxist Inquiries: Studies of Labor, Class and States* (Chicago : The University of Chicago Press)

Cameron, D., 1978, "The Expansion of the Public Economy: A Comparative Analysis" *American Political Science Review* Vol. 72. No. 4

Cammack, P., 1989, "Review Artical: Bringing the State Back

In?" *British Journal of Political Science* N.2

Caporaso J. & Levine, D., 1992, *Theories of Political Economy* (Cambridge: Cambridge University Press)

Cardoso, F., 1979, "On the Characterization of Authoritarian Regimes in Latin America" in D. Collier (ed.)

Cardoso, F. & Faletto, E., 1979, *Dependency and Development in Latin America* tran. by M. Urguidi (Berkeley: University of California Press)

Carnoy, M., 1984, *The State & Political Theory* (Princeton: Princeton University Press)

Cawson, A., 1986, *Corporatism and Political Theory* (Oxford: Basil Blackwell)

Cawson, A., 1989, "Is There a Corporatist Theory of the State?" in G. Duncan (ed.)

Chalmers, D., 1985, "Corporatism and Comparative Politics" in H. Wiarda (ed.)

Chamsky, N., 1991, *Deterring Democracy* (London: Verso)

Clark, G. & Dear, M., 1984, *State Apparatus: Structures and Language of Legitimacy* (London: Allen & Unwin)

Clarke, T. & Pitelis, C. (ed.), 1993, *The Political Economy of Privatization* (London: Routledge)

Cohen, J. & Arato, A., 1992, *Civil Society and Political Theory* (Cambridge: The MIT Press)

Collier, D., (ed.) 1979, *The New Authoritarianism in Latin America* (New Jersey: Princeton University Press)

Collier, D., 1979, "Introduction" in D. Collier (ed.)

Cropsey, J., 1975, "Adam Smith and Political Philosophy" in A. Skinner & T. Wilson (ed.)

D'Entreves, A., 1967, *The Notion of the State* (Oxford: Oxford University Press)

D'Entreves, A., 1973, "The State" in D. Wiener (ed.)

Dahl, R., 1989, *Democracy and Its Critics* (New Haven: Yale University Press)

Dalton, R. & Kuechler, M. (ed.), 1990, *Challenging the Political Order* (Cambridge: Polity Press)

Delorme, R. & Dopfer, K., (ed.), 1994, *The Political Economy of Diversity* (Hants: Edward Elgar)

Denver, D., 1992, "Campaigns and Elections" in M. Hawkesworth & M. Kogan (ed.)

Dickinson, J. & Russell, B. (ed.), 1986, *Family, Economy & State: The Social Reproduction Process under Capitalism* (Lodon: Croom Helm)

Dietrich, M., 1994, "National Patterns of Corporate Restructuring: Mergers and Joint Ventures in the European Community", in R. Delorme, & K. Dopfer (ed.)

Domhoff, G. & Hoyt, B. (ed.), 1968, *C. Wright Mills and the Power Elite* (Boston: Beacon Press)

Downs, A., 1957, *An Economic Theory of Democracy* (New York: Harper & Row)

Downs, A., 1967, *Inside Bureaucracy* (Boston: Little, Brown &

Company)

Downs, A., 1991, "Social Values and Democracy" in K. Monroe (ed.)

Duncan, G. (ed.), 1989, *Democracy and the Capitalist State* (Cambridge: Cambridge University Press)

Dunn, J., 1985, *Rethinking Modern Political Theory* (Cambridge: Cambridge University Press)

Duvall, R. & Freeman, J., 1981, "The State and Dependent Capitalism" *International Studies Quarterly,* Vol.5, No.1.

Eatwell, J., Milgate, M. & Newman, P. (ed.), 1987, *The New Palgrave: A Dictionary of Economics* (London: Macmillan) Vol. I.

Elton, G., 1968, *The Tudor Constitution: Document and Commentary* (Cambridge: Cambridge University Press)

Elton, G., 1974, *Studies in Tudor and Start Politics and Government* (Cambridge: Cambridge University Press) Vol. II.

Engels F., 1972, *The Origin of the Family, Private Property and the State* (London: Lawrence & Wishart)

Esping-Anderson, G., Friedland, R. & Wright, E., 1976, "Modes of Class Stuggle and the Capitalist State" *Kapitalistate,* Summer

Esping-Anderson, G., 1990, *The Three Worlds of Welfare Capitalism* (London: Polity Press)

Evans, P., Rueschemeyer, D. & Skocpol, T. (ed.), 1985, *Bring-*

ing the State Back In (Cambridge: Cambridge University Press)

Foucault, M., 1977, Discipline and Punish: the Birth of Prison, trans. by A, Sheridau (New York: Vintage)

Galbraith, J., 1991, "Revolt in Our Time: The Triumph of Simplistic Ideology" in M. Kaldor (ed.)

Gibbins, J., 1989, Contemparary Political Culture: Politics in a Postmodern Age (London: Sage)

Giddens, A. & Held, D. (ed.), 1982, Classes, Power, and Conflict: Classical and Contemporary Debates (London: Macmillan)

Gislain, J-J., 1987, "On the Relation of State and Market" Telos N. 73

Glyn, A., 1992, "Corporatism, Patterns of Employment, and Access to Consumption" in J. Pekkarinen, M. Pohjola & B. Rowthorm (ed.)

Gobetti D., 1992, Private and Public: Individuals, Households, and Body Politic in Locke and Hutcheson (London: Routledge)

Goldthorpe, J. (ed.), 1984, Order and Conflict in Contemporary Capitalism (Oxford: Clarendon Press)

Goldthorpe, J., 1984, "The End of Convergence: Corporatist and Dualist Tendencies in Modern Western Societies" in J. Goldthorpe (ed.)

Goras, N., 1986, Literature of Revolution: Essays on Marxism

(London: Verso)

Gramsci, A., 1971, *Selections from Prison Notebooks* (New York: International Publishers)

Greenaway, D. (ed.), 1989, *Current Issues in Macroeconomics* (London: Macmillan)

Greenaway, D., Bleaney, M. & Stewart, I. (ed.), 1991, *Companion to Contemporary Economic Thought* (London: Routledge)

Greenstein, F. & Polsby, N. (ed.), 1975, *Handbook of Political Science* (Mass.: Addison-Wesley) Vol. V.

Habermas, J., 1973, *Theory and Practice,* trans. by J. Viertel (Boston: Beacon Press)

Habermas, J., 1975, *Legitimation Crisis,* trans. by T. McCarthy (Boston: Beacon Press)

Hagen, K., 1992, "The Interaction of Welfare States and Labor Markets: The Institutional Level", in J. E. Kolberg (ed.)

Hall, J. (ed.), 1994, *The State: Critical Concepts* (London: Routledge) 3 Vols.

Hall, J., 1994, "State and Economic Development: Reflection on Adam Smith" in J. Hall (ed.) Vol. II

Hall, S. & Gieben, B., 1992, *Formations of Modernity* (Cambridge: Polity Press)

Harland, R., 1987, *Superstructuralism: The Philosophy of Structuralism and Post-Structuralism* (London: Mathuen)

Haug, W., 1986, *Critique of Commodity Aesthetics,* trans. by R. Bock (Minneapolis: University of Minnesota Press)

Hawkesworth, M. & Kogan, M. (ed.), 1992, *Encyclopedia of Government and Politics* (London: Routledge) Vol. I.

Hayek, F., 1978, *New Studies in Philosophy, Politics, Economics and the History of Ideas* (London: Routledge & Kegan Paul)

Heilbroner, R., 1987, "Capitalism", in I. Eatwell, M. Milgate & P. Newman (ed.)

Heilbroner, R., 1993, *21st Century Capitalism* (New York: W. W. Norton)

Held, D. et.al., 1983, *States and Societies* (London: The Open University)

Held, D., 1989, *Political Theory and the Modern State* (Stanford: Stanford University Press)

Held, D. (ed.), 1991, *Political Theory Today* (Stanford: Stanford University Press)

Held, D., 1992, "The Development of the Modern State" in S. Hall & B. Gieben (ed.)

Hibbs, D., 1977, "Political Parties and Macroeconomic Policy" *American Political Science Review* Vol. 71 No.4

Hibbs, D., 1992, "Partisan Theory after Fifteen Years" *European Journal of Political Economy* Vol. 8

Hont, I. & Ignatieff, M. (ed.), 1983, *Wealth and Virture: The Shaping of Political Economy in the Scottish Enlighten-*

ment (Cambridge: Cambridge University Press)

Horkheimer, M. & Adorno, T., 1972, *Dialectic of Enlightenment,* trans. J. Cumming (New York: The Continuum Publishing Company)

Horne, T., 1978, *The Social Thought of Bernard Mandeville* (London: Macmillam)

Huntington, S., 1968, *Political Order in Changing Societies* (New Haven: Yale University Press)

Ignatieff, M., 1983, "John Millar and Individualism" in I. Hont & M. Ignatieff (ed.)

Jenks, C. (ed.), 1993, *Cultural Reproduction* (London: Routledge)

Jessop, B., 1982, *The Capitalist State: Marxist Theories and Method* (New York: Cambridge University Press)

Jessop, B., 1990, *State Theory: Putting Capitalist States in Their Place* (Cambridge: Polity Press)

Kaldor, M. (ed.), 1991, *Europe from Below: An East-West Dialogue* (London: Verso)

Karier, T., 1993, *Beyond Competition: The Economics of Mergers and Monopoly Power* (New York: M. E. Sharpe)

Katzenstein, P., 1985, *Small States in World Markets: Industrial Policy in Europe* (New York: Cornell University Press)

Keane, J. 1988, *Democracy and Civil Society* (London: Verso)

Keohane, R., 1984, "The World Political Economy and the

Crisis of Embedded Liberalism" in J. Goldthorpe (ed.)

Keyt, D., 1991, "Three Basic Theorems in Aristotle's Politics" in D. Keyt & F. Miller (ed.)

Keyt, D. & Miller, F. (ed.), 1991, *A Companion to Aristotle's Politics* (Oxford: Blackwell)

Kitschelt, H., 1986, "Political Opportunity Structures and Political Protest: Anti-Nuclear Movement in Four Democracies" *British Journal of Political Science* No.16.

Kolberg, J., (ed.), 1992, *The Study of Welfare State Regimes* (New York: M. E. Sharpe)

Kolberg, J., 1992, "Preface" in J. Kolberg (ed.)

Kolberg, J. & Esping-Andersen, G., 1992, "Welfare States and Employment Regimes" in J. Kolkerg (ed.)

Konrad, G., 1984, *Antipolitics,* trans. by R. Allen (New York: Henry Holt)

Lachmann, R., 1989, "Origins of Capitalism in Western Europe: Economic and Political Aspects" *Annual Reviews of Sociology* V. 15

Lapalombara, J. & Anderson, J., 1992, "Political Parties" in M. Hawkesworth & M. Kogon (ed.)

Lassman, P., Velody, I. & Martins, H. (ed.), 1989, *Max Weber's Science as a Vocation* (London: Unwin Hyman)

Lehmbruch, G., 1984, "Concertation and the Structure of Corporatist Networks" in J. Goldthorpe (ed.)

Lively, J., 1975, *Democracy* (New York: St. Martin Press)

Locke, J., 1988, *Two Treatises of Government* ed. by P. Laslett (Cambridge: Cambridge University Press)

Luka'cs, G., 1971, *History and Class Consciousness,* trans. by R. Livingstone (Cambridge: The MIT Press)

Lukes, S., 1974, *Power: A Radical View* (Hong Kong: The Macmillan Press)

Machan, T., 1990, *Capitalism and Individualism* (New York: Harvestar)

Macpherson, C., 1966, *The Real World of Democracy* (Oxford: Clarendon Press)

Macpherson, C., 1977, *The Life and Times of Democracy* (Oxford: Oxford University Press)

Macpherson, C., (ed.), 1978, *Property: Mainstrain and Critical Positions* (Toronto: Toronto University Press)

Macpherson, C., 1987, *The Rise and Fall of Economic Justice and Other Essays* (Oxford: Oxford University Press)

Mandel, E., 1992, *Power and Money: A Marxist Theory of Bureaucracy* (London: Verso)

Mann, M., 1988, *States, Wars and Capitalism* (Oxford: Basil Blackwell)

Marshall, T. & Bottomore, T., 1992, *Citizenship and Social Class* (London: Pluto Press)

Marx, K., 1970, *A Contribution to the Critique of Political Economy,* trans. by S. Ryazanskaya (New York: International Publishers)

Marx, K., 1975, "Economic and Philosophical Manuscripts of 1844" in *Early Writings*, trans. by R. Livingstone & G. Benton (New York: Vintage)

Marx, K., 1976, *The German Ideology* in *Collected Works* (New York: International Publishers) V. 5

Mauser, G., 1983, *Political Marketing: An Approach to Campaign Strategy* (New York: Praeger Publishers)

McGrew, A., 1992, "The State in Advanced Capitalist Societies" in J. Allen, P. Braham & P. Lewis (ed.)

McIlwain, C., 1947, *Constitutionalism: Ancient and Modern* (New York: Cornell University Press)

Meinecke, F., 1984, *Machiavellism*, trans. by D. Scott (London: Routledge and Kegan Paul)

Meller, P., 1994, "Latin American Adjustment and Economic Reforms: Issues and Recent Experience" in A. Solimano, O. Sunket & M. Blejer (ed.)

Merrick, J., 1990,"Subjects and Citizens in the Remonstances of the Parlement of Paris in the Eighteenth Century", *Journal of The History of Ideas* V. 5. N. 3

Michie, J., 1994, "Global Shocks and Social Corporatism" in R. Delorme & K. Dopfer (ed.)

Migdal, J., 1987, "Strong States, Weak States: Power and Accommodation" in M. Weiner & S. Huntington (ed.)

Migdal, J., Kohei, A & Shue, V. (ed.), 1994, *State Power and Social Forces* (Cambridge: Cambridge University Press)

Migdal, J., 1994, "The State in Society: An Approach to Struggles for Domination" in J. Migdal, A. Kohei & V. Shue (ed.)

Miliband, R., 1977, *Marxism and Politics* (Oxford: Oxford University Press)

Miliband, R., 1991, *Divided Society: Class Struggle in Contemporary Capitalism* (Oxford: Oxford University Press)

Miller, D., 1983, "The Competitive Model of Democracy", in G. Duncan (ed.)

Mills, C., 1956, *The Power Elites* (New York: Oxford University Press)

Mintz, B. & Schwartz, M., 1990,"Capital Flows & the Process of Financial Hegemony" in S. Zukin & P. DiMaggio (ed.)

Mizuta, H., 1975, "Moral Philosophy and Civil Society" in A. Skinner & T. Wilson (ed.)

Monroe, K. (ed.), 1991, *The Economic Approach to Politics: A Critical Reassessment of the Theory of Rational Action* (New York: Harper Collins)

Monroe, K., 1991, "The Theory of Rational Action: Origins and Usefulness for Political Sciences" in K. Monroe (ed.)

Moore, B., 1966, *Social Origins of Dictatorship and Democracy* (Boston: Beacon Press)

Moore, C., 1991, *The Making of Bourgeois Europe* (London: Verso)

Moran, M., 1988, "Review Article: Crises of the Welfare

State" *British Journal of Political Science,* Vol.18

Mueller, D., 1991, "Public Choice Theory" in O. Greenaway, M. Bleaney & I. Stewart (ed.)

Nordlinger, E., 1981, *On the Autonomy of the Democratic State* (Cambridge: Harvard University Press)

Nordlinger, E, 1987, "Taking the State Seriously" in M. Weiner & S. Huntington (ed.)

Nordlinger, E, 1988, "The Return to the State: Critiques" *American Political Science Review* Vol. 82

Nozick, R., 1974, *Anarchy, State and Utopia* (New York: Basic Books)

O'Connor, J., 1984, *Accumulation Crisis* (New York : Basil Blackwell)

O'Connor, J. & Brym, R., 1988, "Public Welfare Expenditure in OECD Counturies: Towards a Reconciliation of Inconsistent Findings" *The British Journal of Sociology* 1988, N. 1

O'Donnell, G., 1973, *Modernization and Bureaucratic Authoritarianism* (Berkeley: Institute of International Studies)

O'Donnell, G., 1979, "Tensions in the Bureaucratic-Authoritarian State and the Question of Democracy", in D. Collier (ed.)

O'Donnell, G., 1994, "Reflections on the Patterns of Change in the Bureaucratic-Authoritarian State", in J. Hall (ed.)Vol. II

O'Donnell, G. & Schmitter, P., 1986, *Transitions from Authoritarian Rule: Tentative Conclusions about Uncertain Democracies* (Baltimore: The Johns Hopkins University Press)

O'Donnell, G., Schmitter. P & Whitehead L. (ed.), 1986, *Transitions from Authoritarian Rule: Comparative Perspectives* (Baltimore: The Johns Hopkins University Press)

O'Shaughnessy, N., 1990, *The Phenomenon of Political Marketing* (New York: St. Martin's Press)

OECD, 1980, *The Welfare State in Crisis* (Paris)

Offe, C., 1984, *Contradictions of the Welfare State* (Cambridge: The MIT Press)

Packenham, R., 1992, *The Dependency Movement: Scholarship and Politics in Development Studies* (Cambridge : Harvard University Press)

Panitch, L., 1980, "Recent Theorizations on Corporatism" *British Journal of Sociology* V. 31. N. 2

Parijs, P., 1993, *Marxism Recycled* (Cambridge: Cambridge University Press)

Pekkarinen, J., Pohjola, M. & Rowthorn, B. (ed.), 1992 , *Social Corporatism: A Superior Economic System?* (Oxford: Clarendon Press)

Perez-Sainz, J., 1980, "Towards a Conceptualization of State Capitalism in the Periphery" *Insurgent Sociologist* No. 9.

Phillipson, M., 1993, "Everydaylife, Technoscience and Cultural Analysis: A One-sided Conversation" in C. Jenks (ed.)

Pierson, C., 1991, *Beyond the Welfare State?* (Cambridge: Polity Press)

Pinkus, P., 1976, "Mandeville's Paradox" in T. Besterman (ed.)

Pitelis, C., 1991, *Market and Non-Makert Hierarchies* (Oxford: Basil Blackwell)

Pitelis, C. & Clarke, T., 1993, "Introduction: the Political Economy of Privatization" in T. Clarke & C. Pitelis (ed.)

Pocock, J., 1983, "Cambridge Paradigms and Scotch Philosophers: a study of the relations between the civil humanist and the civil jurisprudential interpretation of eighteenth-century social thought" in I. Hont & M. Ignatieff (ed.)

Polanyi, K., 1957, *The Great Transformation* (Boston: Beacon Press)

Pollock, F., 1989, "State Capitalism: It's Possibilities and Limitations" in S. Bronner & D. Kellner (ed.)

Preteceille, E. & Terrail, J-P., 1985, *Capitalism, Consumption and Needs,* trans. by S. Matthews (Oxford : Basil Blackwell)

Przeworski, A., 1985, *Capitalism and Social Democracy* (Cambridge: Cambridge University Press)

Przeworski, A., 1986, "Some Problems in the Study of the Transition to Democracy" in G. O'Donnell, P. Schmitter

& L. Whitehead (ed.)

Przeworski, A. & Wallerstein M., 1982, "The Structure of Class Conflict in Democratic Capitalist Societies", *American Political Science Review* V. 76

Przeworski, A. & Wallerstein M., 1988, "Structural Dependence of the State on Capital" *American Political Science Review* V. 82 N. 1

Putterman, L. & Rueschemeyer. D. (ed.), 1992, *State and Market in Development: Synergy or Rivalry?* (Baulder: Lynne Rienner Publishers)

Ramirez-Faria, C., 1991, *The Origins of Economic Inequality between Nations* (London: Unwin Hyman)

Rawls, J., 1971, *A Theory of Justice* (Cambridge: Harvard University Press)

Reeve, A., 1986, *Property* (London: Macmillan Education LTD)

Regini, M., 1984, "The Conditions for Political Exchange: How Concertation Emerged and Collapsed in Italy and Great Britain" in J. Goldthorpe (ed.)

Riker, W., 1980, "Implications from the Disequilibrium of Majority Rule for the Study of Institutions" *Ameican Political Science Review* 74

Ringen, S. & Uusitals, H., 1992, "Income Distribution and Redistribution in Nordic Welfare States" in J. Kolberg (ed.)

Rueshemeyer, D., Stephens, E. & Stephens, J., 1992, *Capitalist Development & Democracy* (Cambridge: Polity Press)

Sartori, G., 1987, *The Theory of Democracy Revisited* (New Jersey: Chatham House Publishers)

Schmitter, P., 1974, "Still the Century of Corporatism ?" *Review of Political Studies* 36(1).

Schmitter, P., 1981, "Interest Intermediation and Regime Governability in Contemporary Western and North America" in S. Berger (ed.)

Schumpeter, J., 1976, *Capitalism, Socialism and Democracy* (London: George Allen & Unwin)

Schumpeter, J., 1983, *The Theory of Economic Development*, trans. by R. Opie (New Jersey: Transaction Publishers)

Schumpeter, J., 1991, *The Economics and Sociology of Capitalism* ed. by R. Swedberg (Princeton: Princeton University Press)

Seligman, A., 1992, *The Idea of Civil Society* (New York: The Free Press)

Shalev, M., 1983, "Class Politics and the Western Welfare State" in S. Spira & E. Yuchtman-Year (ed.)

Skidelsky, R. (ed.), 1977, *The End of the Keynesian Era* (London: Macmillan)

Skinner, Q., 1978, *The Foundations of Modern Political Thought* (Cambridge: Cambridge University Press) Vol. I

Skinner, Q., 1989, "The State" in T. Ball, J. Farr & R. Hanson (ed.)

Skocpol, T., 1979, *States and Social Revolutions: A Comparative Analysis of France, Russia and China* (Cambridge: Cambridge University Press)

Skocpol, T., 1985, "Bringing the State Back In: Stratergies of Analysis in Current Research" in P. Evans, D. Rueschemeyer & T. Skocpol (ed.)

Smelser, N. & Swedberg, R. (ed.), 1994, *The Handbook of Economic Sociology* (Princeton: Princeton University Press)

Smith, A., 1976, *The Wealth of Nations* ed. by R . Campell & A. Skinner (Oxford: Oxford University Press)

Solimano, A., Sunkel, O. & Blejer, M. (ed.), 1994, *Rebuilding Capitalism: Alternative Roads after Socialism and Dirigisme* (Michigan: The University of Michigan Press)

Spira, S. & Yuchtman-Year, E. (ed.), 1983, *Evaluating the Welfare State: Social and Political Perspectives* (New York: Academic Press)

Stephan, A., 1986, "Paths toward Redemocratization: Theoretical and Comparative Consideration" in G. O'Donnell, P. Schmitter & L. Whitehead (ed.)

Suleiman, E. & Waterbury, J. (ed.), 1990, *The Political Economy of Public Sector Reform and Privatization* (Baulder. Westiview Press)

Sweezy, P., 1968, "Power Elite or Ruling Class?" in G. Domhoff & B. Hoyt (ed.)

Terrail, J.-P., 1985, "Commodity Fetishism and the Ideal of Needs" in E. Preteceille & J-P. Terrail (ed.)

Teubner, G., 1993, *Law as an Autopoietic System,* trans. by A. Bankowska & R. Adler (Oxford: Basil Blackwell)

Therborn, G., 1980, *What Does the Ruling Class Do When It Rules?* (London: Verso).

Therborn, G., 1982, "What Does the Ruling Class Do When it Rules? some reflections on different approaches to the study of power in society", in A. Giddens & D. Held (ed.)

Therborn, G., 1983, "The Rule of Capital and the Rise of Democracy", in D. Held et. al.

Therborn, G., 1987, "Does Corporatism Really Matter? The Economic Crisis and Issues of Political Theory" *Journal of Public Policy* V. 7.

Thompson, J., 1990, *Ideology and Modern Culture: Critical Social Theory of the Era of Mass Communication* (Standford: Stardford University Press)

Thweatt, W., 1983, "Origins of the Terminology Supply and Demand" *Scottish Journal of Political Economy* V. 30. N. 3

Tilly, C., 1985, "War Making and State Making as Organized Crime" in P. Evans, D. Rueschemeyer & T. Skocpol (ed.)

Tilly, C., 1989, "Cities and States in Europe, 1000-1800" *Theory and Society* N. 18

Topf, R., 1989, "Political Change and Political Culture in Britain, 1959-87" in J. Gibbins (ed.)

Truman, D., 1951, *The Governmental Process* (New York: Knopf)

Vincent, A., 1992, "Conceptions of the State" in M. Hawkesworth & M. Kogan (ed.) Vol. I.

Viner, J., 1960, "The Intellectual History of Laissez Faire" *The Journal of Law & Economics* V. 3.

Wallech, S., 1986, "Class Versus Rank: The Transformation of Eighteen-Century English Social Terms and Theories of Production" *Journal of the History of Ideas* V. XLVII. N. 3

Wallerstein, I., 1983, *Historical Capitalism* (London: Verso)

Wallerstein, I., 1984, *The Politics of the World-Economy* (Combridge: Cambridge University Press)

Weber, M., 1976, *The Protestant Ethic and the Spirit of Capitalism,* trans. by T. Parsons (London: George Allen & Unwin)

Weber, M., 1978, *Economy and Society* ed. by G. Roth & C. Wittich (Berkeley: University of California Press) Vol. 2

Weber, M., 1989, "Science as a Vocation" in P. Lassman, I. Velody and H. Martins (ed.)

Weber, M., 1991, *From Max Weber,* trans. and ed. by H. Gerth & C. Mills (London: Routledge)

Weiner, M. & Huntington, S. (ed.), 1987, *Understanding Politi-*

cal Develoment (Boston: Little, Brown and Co.)

Weir, M. & Skocpol, T., 1994, "State Structures and Social Keynesianism: Responses to the Great Depression in Sweden and the United States", in J. Hall (ed.) Vol. II.

Wheeler, H., 1975, "Constitutionalism" in F. Greenstein & N. Polsby (ed.)

Whynes, D., 1989, "The Political Business Cycle" in D. Greenaway (ed.)

Wiarda, H. (ed.), 1985, *New Directions in Comparative Politics* (Boulder: Westview Press)

Wiener, D. (ed.), 1973, *Dictionary of the History of Ideas* (New York: Charles Scribrer's Sons) Vol. I. & IV

Wilensky, H., 1980, "Democratic Corporatism, Consensus , and Social Policy" in OECD

Williams, R., 1976, *Keywords: A Vocabulary of Culture and Society* (New York: Oxford University Press)

Williams, R., 1977, *Marxism and Literature* (Oxford : Oxford University Press)

Williams, R., 1980, *Problems in Materialism and Culture* (London: Verso)

Williamson, P., 1989, *Corporatism in Perspective: An Introductory Guide to Corporatist Theory* (London: Sage)

Wilson, F., 1990, "Neo-Corporatism and the Rise of New Social Movements" in R. Dalton & M. Kuechler (ed.)

Winch, D., 1978, *Adam Smith's Politics* (Cambridge : Cambridge University Press)

Winkler, J., 1977, "The Coming Corporatism" in R. Shidelsky (ed.)

Wolf, E. & Hansen, E., 1994, "Caudillo Politics: A Structural Analysis" in J. Hall (ed.) Vol. II.

Wood, E., 1991, *The Pristine Culture of Capitalism* (London: Verso)

Zukin, S. & DiMaggio, P. (ed.), 1990, *Structures of Capital* (Cambridge: Cambridge University Press)

政治商品化理論　　　　　　　　　　揚智叢刊 25

著　　　者／李培元
出　　　版／揚智文化事業股份有限公司
發 行 人／林智堅
副總編輯／葉忠賢
責任編輯／賴筱彌
地　　　址／台北市新生南路三段 88 號 5 樓之 6
電　　　話／(02)366-0309　　366-0313
傳　　　真／(02)366-0310
登 記 證／局版臺業字第 6499 號
印　　　刷／偉勵彩色印刷股份有限公司
法律顧問／北辰著作權事務所　蕭雄淋律師
初版一刷／1997 年 9 月
定　　　價／新臺幣：250 元

南區總經銷／昱泓圖書有限公司
地　　　址／嘉義市通化四街 45 號
電　　　話／(05)231-1949　　231-1572
傳　　　真／(05)231-1002

國家圖書館出版品預行編目資料

政治商品化理論 / 李培元著. --初版.
--臺北市：揚智文化，1997 [民 86]
面 ; 公分. － (揚智叢刊 ;25)
參考書目：面
ISBN 957-8446-31-4(平裝)

1.政治學

570.16   86008262